Katja Schlottke

Lebenszeit - Die härteste Währung der Welt

Für dich.

Der du morgens aufwachst und spürst: Da fehlt was.

Der du den Kalender voll hast – aber das Herz manchmal leer.

Der du spürst, dass da mehr sein muss – aber nicht weißt, wo anfangen.

Dieses Buch ist dein Anfang. Kein Rezept.

Kein Druck. Nur echte Worte für echte Menschen in einem echten Leben.

Und vielleicht – der Moment, in dem du dich wiederfindest.

Dieses Buch ist dein Anfang.

Du musst nichts beweisen. Du musst dich nur erinnern:

Wer du bist. Was du fühlst. Was deine Zeit wirklich wert ist.

Wenn du bereit bist, dich selbst nicht länger zu verpassen – dann darfst du umblättern.

Alles, was du brauchst, ist schon längst in dir.

Impressum
© 2025 Katja Schlottke
www.katja-schlottke.de
Verlag: BoD · Books on Demand GmbH, Überseering 33,
22297 Hamburg, bod@bod.de
Druck: Libri Plureos GmbH, Friedensallee 273, 22763 Hamburg
ISBN: 978-3-8192-7681-1

Inhaltsverzeichnis

Vorwort

Du zahlst. Jeden Tag.

Mit Minuten, mit Gedanken, mit Energie, mit Schlaflosigkeit.
Mit deinem verdammten Herzen. Und die Frage ist: Für was?
Wir reden über Geld, Aktien, Coins, Kryptos. Wir reden über
Karriere, Positionen, Status. Aber was ist mit der Währung, die
du nie zurücktauschen kannst? Die du nicht aufladen kannst.
Die kein Bankkonto für dich speichert?
Lebenszeit. Jede Sekunde, in der du nicht du selbst bist, ist
eine, die weg ist. Jede Minute, in der du dich anpasst,
runterschluckst oder durchhältst, hast du gezahlt. Mit deiner
Seele. Dieses Buch ist eine Erinnerung. Ein Schlag in die
Magengrube der Alltagslähmung. Eine Einladung zum
Aufwachen. Es ist keine Anleitung zum "glücklich sein in 10
Schritten". Keine seichte Licht-und-Liebe-Suppe. Es ist ein
Ruf: Lebe. Jetzt. Echt. Wenn du bis hier gelesen hast –
Glückwunsch: Du hast gerade in etwas Gutes investiert.
Bleib dran. Es wird heiß. Tief. Wahr.

„Die härteste Währung ist nicht das, was du im Portemonnaie trägst.
Es ist das, was du jeden Tag verschenkst: Deine Zeit. Dein Jetzt."

„Wir haben verlernt, wie kostbar eine Stunde ist – weil wir ständig so tun, als hätten wir unendlich viele davon."

„Lebenszeit ist kein Geschenk. Sie ist ein Auftrag."

„Die Welt wird dich gerne in Rollen pressen, die du nie gewählt hast. Und du? Du spielst sie... bis du dich erinnerst, wer du wirklich bist."

Deine Katja Schlottke

Kapitel 1 – Du bist der Automat – und alle wollen deinen Coin

Du wachst auf. Vielleicht mit einem Piepen. Vielleicht mit dem Gedanken „Mist, zu spät." Noch bevor du dich fragst, wie es dir geht, bist du schon drin: im System. Zähneputzen. Kaffee. Funktionieren. Jemand ruft, jemand fragt, jemand will etwas von dir. Und zack – schon geht die erste Münze raus. Lebenszeit. Es ist verrückt: Wir haben gelernt, unsere PIN zu schützen, unser Passwort nicht weiterzugeben – aber mit unserer Lebenszeit sind wir großzügig wie an einem All-you-can-eat-Buffet. Jeder darf nehmen. Jeder darf stören. Jeder darf entscheiden, wie du dich fühlst. Warum? Weil du's so gelernt hast. Weil du glaubst, du musst. Weil du dachtest, das Leben wäre ein Vertrag mit kleinen Fußnoten: „Bitte leisten. Bitte lächeln. Bitte anpassen. Bitte später glücklich sein." Aber weißt du was? Es gibt kein „später". Es gibt nur JETZT. Und jede Minute, in der du dich verbiegst, ist Eine, die weg ist. Jede Stunde, in der du dich nicht spürst, ist Eine gestohlene. Du bist kein Automat. Du bist ein Wesen mit Herz, Verstand, Feuer. Und es ist verdammt nochmal an der Zeit, dass du dich fragst: **„Wofür zahle ich hier eigentlich?"**
„Wer hat meinen Coin verdient – und wer nicht mehr?"

Dieses Kapitel ist kein Vorwurf. Es ist ein Spiegel. Und vielleicht – wenn du ganz ehrlich bist – schaust du dir gerade selbst in die Augen und spürst:
Da geht noch was. Da will was raus. Da wartet ein echtes Leben.

Der stille Diebstahl

Sie sitzt im Auto. Motor läuft, Scheibenwischer kratzen im Rhythmus der Routine. Regen. Immer Regen, wenn's eh schon schwer ist. Der Parkplatz vorm Büro ist voll. Wie immer. Sie ist zehn Minuten zu spät. Wie so oft. Weil der Hund gekotzt hat, das Kind sich nicht anziehen wollte und ihr Mann wieder mit seinen To-dos beschäftigt war – statt mit dem Menschen, der sie ist. Sie checkt sich im Rückspiegel. Augen müde. Lippen ohne Farbe. Ein Gesicht, das mal geträumt hat. Dann dieser Gedanke. Ganz kurz, leise, gefährlich ehrlich: „Wofür tue ich das eigentlich alles?"

Zack. Weggeschoben. Sie kennt das. Diesen Anflug von Wahrheit, der zu laut ist für ihren Alltag. Also raus aus dem Auto, rein in die Rolle. Mails, Anrufe, Meetings, Mittagspause mit Smalltalk, Lächeln mit Betonrissen.

Und am Ende des Tages? 110 neue E-Mails. Zwei Kaffee zu viel. Und das Gefühl, nicht einmal fünf Minuten sie selbst gewesen zu sein. Sie kommt nach Hause. Alle reden, keiner fragt, wie's ihr geht. Sie lächelt. Wie immer. Später liegt sie im Bett. Handy in der Hand, Insta-Scroll. Andere leben, sie liked. Dann schläft sie ein. Mit dem Coin - leer. Komplett leer. Das passiert jeden Tag. Überall. Vielleicht nicht exakt so – aber in der Energie. Wir geben, leisten, funktionieren – und am Ende…Fragen wir uns leise: „Hab ich heute überhaupt gelebt?"

Der Mann im Anzug, der nachts nicht schläft

Er steht im Aufzug. Stockwerk 19. Der Krawattenknoten sitzt, das Lächeln auch. Er ist der, der alles im Griff hat. Immer. Der sich selbst vergisst, damit andere ihn bewundern. Im Konfi-Raum sprechen sie über Zahlen, Budgets, Projekte. Er redet mit. Souverän. Keiner sieht, dass er innerlich nur noch eins will: Ruhe. Einen Moment der Stille. Vielleicht einfach... weinen. Aber das geht nicht. Männer weinen nicht. Männer liefern. Also liefert er. Abends fährt er nach Hause. Auto, Garage, Tür. Sein Sohn sitzt am Küchentisch. Blick aufs Handy. Seine Frau räumt die Spülmaschine aus. Niemand fragt ihn, wie sein Tag war. Aber das ist okay. Hat ja eh keinen Platz in seinem Leben. Später liegt er im Bett. Seine Frau schläft schon. Er starrt an die Decke. Da ist diese Frage, die er nie laut ausspricht: **„War's das? Ist das alles?"**
Er hat Geld. Ein Haus. Vielleicht sogar einen Titel. Aber keine Zeit, die sich noch nach ihm anfühlt. Auch Männer zahlen. Täglich. Heimlich. Mit ihrer Präsenz, mit ihrem Rückgrat, mit ihrem Schweigen. Und irgendwann merken sie:
"Ich hab für alle gelebt – nur nicht für mich."

Dieses Buch ist keine Anklage. Es ist eine Einladung. Dich zu erinnern. Nicht an das, was du gelernt hast – sondern an das, was du BIST.

Kapitel 2 – Der große Irrtum: Warum du glaubst, du hättest Zeit

Es gibt einen Moment, den du vielleicht kennst. Du schaust auf die Uhr. 12:47 Uhr. Mittwoch. Und du denkst: „Okay, danach mach ich Pause. Morgen hab ich mehr Zeit. Am Wochenende dann richtig durchatmen. Im Urlaub. Nächstes Jahr." Du lebst auf eine Zukunft hin, als hättest du ein Sparbuch, auf dem Lebenszeit Zinsen bringt. Nur – dieses Konto gibt es nicht. Wir Menschen sind Meister des Aufschiebens. Nicht von Aufgaben, sondern von uns selbst.

- „Wenn das Projekt durch ist, kümmere ich mich um mich."
- „Wenn die Kinder größer sind, fang ich an, mich wieder zu spüren."
- „Wenn ich in Rente bin, lebe ich endlich."

Und während wir auf das „bald" warten, rinnt uns das Jetzt durch die Finger wie Sand. Fein. Unhörbar. Unaufhaltsam.

Die große Illusion: Wir glauben, wir hätten Zeit

Wir tun so, als wäre Lebenszeit ein Rohstoff, den man nachbestellen kann. Amazon-Prime-mäßig. Mit Rückgaberecht. Doch keiner weiß, wie viel auf seinem „Coin-Konto" ist. Keiner kennt sein Ablaufdatum. Und trotzdem leben wir, als hätten wir ein unendliches Guthaben.

Die Werbung sagt: „Jetzt investieren – später genießen." Das System sagt: „Erst leisten – dann leben." Die Gesellschaft sagt: „Stell dich hinten an – du bist nicht der Nabel der Welt." Aber weißt du was? Du bist nicht egoistisch, wenn du dich spürst. Du bist gefährlich – für ein System, das dich betäubt.

Der große Irrtum ist nicht, dass wir sterben. Das ist sicher. Der große Irrtum ist, dass wir glauben, bis dahin sei noch ewig Zeit. Aber der Tod wartet nicht, bis du „alles geregelt" hast. Er fragt nicht nach Kalenderfreigaben. Er klopft leise – manchmal laut – und fragt nur eines: „Hast du wirklich gelebt?" Jetzt ist der Moment, in dem du aufwachen kannst. Nicht aus Angst vor dem Ende, sondern aus Liebe zum Anfang. Zum Anfang von dir. Zum Anfang eines Lebens, das sich endlich wieder echt anfühlt.

Sie hatte Pläne. Aber das Leben hatte Andere.

Sie hatte alles geplant. Das Yoga-Retreat im Sommer. Den Traum von einem kleinen Café mit Vintage-Geschirr. Das Musikinstrument, das in ihr schlummerte, seit sie 17 war. Nur… nicht jetzt. Jetzt war nicht der richtige Zeitpunkt. Erst das Haus fertig bauen. Dann, wenn die Kinder größer sind. Dann, wenn ihr Mann wieder mehr da ist. Dann, wenn sie sich wieder „richtig" fühlt.

Also hat sie gewartet. Funktioniert. Gelächelt. Gebügelt. Verschoben. Sie hat ihre Träume in die „Später-Schublade" gelegt, sauber gefaltet, mit Lavendelduft. Fast liebevoll. Bis der Anruf kam. „Verdacht auf Brustkrebs. Wir müssen sofort handeln." Und plötzlich saß sie da. Still. Mit Händen, die nicht wussten, wohin. Und einem Herzen, das zum ersten Mal fragte: „Und was ist eigentlich mit mir?" "Was nun?"

Er hatte noch so viel vor – irgendwann.

Er hatte ein Motorrad. Seit Jahren stand es in der Garage, überdeckt von Kartons voller „Muss-ich-mal-aussortieren". Ein schwarzes Biest mit Seele. Er wollte damit durch die Alpen. Oder ans Meer. Einfach fahren. Alleine. Mit Wind und Gedanken. Aber dann kam der nächste Job. Und der Kredit. Und das zweite Kind. Und der Respekt vor dem Risiko – und vor sich selbst. Er war nicht unglücklich. Aber auch nicht ganz da. Er lebte wie jemand, der auf etwas wartete, aber vergessen hatte, was es war. Sein Handy vibrierte. Immer. Er verpasste kaum ein Meeting, aber zu viele Momente. Zu viele Abende, an denen sein Sohn ihn fragte: „Papa, wann bist du wieder wirklich da?" Er zuckte mit den Schultern. „Bald." Diese Geschichten sind keine Ausnahme. Sie sind der Alltag von Menschen, die du jeden Tag triffst – oder im Spiegel siehst. Das Tragische ist nicht, dass wir nicht wissen, wie viel Zeit wir haben. Das Tragische ist, dass wir so leben, als wäre sie unbegrenzt. Aber du kannst dich entscheiden.
Jetzt.

Kapitel 3 – Lebenszeit ≠ Uhrzeit

Du kannst acht Stunden geschlafen haben – und trotzdem müde aufwachen. Du kannst ein ganzes Wochenende frei haben – und dich Sonntagabend fühlen, als hätte dir jemand die Seele ausgesaugt. Und dann gibt es diese fünf Minuten. Ein Gespräch. Ein Moment in der Natur. Ein Blick, der echt ist. Fünf Minuten, die mehr in dir bewegen als fünf Jahre Routine. Warum? Weil Zeit nicht das ist, was die Uhr zeigt. Zeit ist das, was du fühlst.

Wir sind groß geworden mit Zahlen:

- „Du hast noch 10 Minuten."
- „Wir sehen uns in 3 Stunden."
- „Ich brauche heute 8 Calls."
- „Ich muss die 40 Stunden voll machen."

Doch unser Körper, unsere Seele – die messen anders. Sie fragen nicht nach Sekunden. Sie fragen: "War ich da? War ich ICH? Hat es sich echt angefühlt?"

Viel Zeit haben ≠ Zeit erleben

Da draußen gibt es Menschen, die haben verdammt viel Zeit – aber sie sind leer. Sie hängen durch die Tage, scrollen, klicken, wiederholen. Sie haben Freiheit – aber keine Richtung. Und dann gibt es Menschen, die haben wenig Zeit – aber sie leben. Intensiv. Wach. Weil sie präsent sind. Der Unterschied ist nicht, wie viel du hast – sondern was du daraus machst. Du kannst zehn Jahre in einem Job sitzen, jeden Tag auf dieselbe Weise.

Und am Ende stellst du fest: Du hattest keine zehn Jahre Leben – du hattest ein Jahr, zehnmal wiederholt. Das ist der stille Diebstahl, den niemand bemerkt. Denn der Wecker klingelt, der Kalender ist voll, der Alltag läuft. Aber du bist nicht mehr drin.

Zeit ist emotional – nicht rational

Du erinnerst dich nicht an jeden Dienstag um 14:15 Uhr. Du erinnerst dich an:

- den Sonnenuntergang, bei dem du nichts sagen musstest
- das Lachen mit deiner Freundin, das in deinem Bauch vibriert hat
- den Moment, in dem dein Kind dich einfach nur angeschaut hat – und du wusstest: Jetzt ist alles gut.
- an dem Tag, wo du eins deiner Ziele dann doch erreicht hast, ganz persönlich, ganz privat

Diese Momente... sind dein echtes Leben. Alles andere ist Ablauf.

Jetzt wird es Zeit, dass du unterscheidest:

⊖ Uhrzeit = Systemzeit

☑ Lebenszeit = Seelenzeit

Du darfst dir erlauben, die innere Uhr wieder zu hören. Denn sie sagt dir genau: Was dich nährt – und was dich frisst.

Sie hatte Zeit. Aber nicht für sich.

Sie saß am Küchentisch. Zwei Stunden nur für sich. Endlich. Die Kinder waren bei Freunden, ihr Mann beim Training. Sie hätte lesen können. Schreiben. Spazieren gehen. Musik hören. Doch was tat sie? Wäsche falten. E-Mails sortieren. Noch schnell die Spülmaschine ausräumen. Und dann… scrolte sie. Reels. Rezepte. Ratgeber. Und ganz leise dachte sie: „Ich müsste die Zeit besser nutzen." Aber „besser" bedeutete in ihrem Kopf: produktiver. Effizienter. Nützlicher. Nicht: liebevoller zu sich selbst. Als die Tür aufflog und die Kinder zurückkamen, war die Zeit weg. Sie war beschäftigt gewesen – aber nicht verbunden. Nicht mit sich. Nicht mit dem Moment. Und wieder war ein freier Tag vergangen, an dem sie hätte leben können. Aber stattdessen hatte sie nur funktioniert – in stiller Form.

Er war erfolgreich. Aber innerlich abwesend.

Er hatte sich diesen Freitag freigeschaufelt. Homeoffice gecancelt. Mails auf „Abwesenheit". Er wollte Zeit mit seiner Tochter verbringen. Nur sie und er. Zoo, Eis, Park. Er holte sie ab. Sie grinste. Er auch. Doch schon im Auto summte das Handy. „Nur kurz…", murmelte er. Dann im Zoo – der Anruf vom Kollegen. Er drehte sich weg, flüsterte in die Leitung. Seine Tochter wartete. Erst ruhig, dann zappelnd, dann still. Er sagte, er müsse „nur kurz" noch was klären. Dann noch eine Mail. Dann noch ein kurzer Call. Zwischendurch ein Lächeln, ein Schulterklopfen, ein halbes Ohr.

Abends lag sie im Bett und sagte: „Papa, heute warst du irgendwie nur so halb da." Das tat weh. Nicht laut. Nicht sichtbar. Aber tief. Weil sie recht hatte. Er war körperlich da – aber seelisch? Im Funkloch.

Fazit:

Du kannst Zeit haben – aber wenn du nicht anwesend bist, geht sie trotzdem verloren. Diese Szenen sind keine Ausnahmen. Sie sind der stille Alltag in tausenden Leben. Deshalb sagen wir jetzt: Genug. Genug vom Halbdasein. Genug von „später".

Jetzt kommt das Kapitel, das alles verändert:

- Kapitel 4 – Was kostet dich ein Ja?

Bist du bereit?

Kapitel 4 – Was kostet dich ein Ja?

Es beginnt harmlos. „Kannst du das noch übernehmen?" „Klar, kein Problem." „Magst du mitkommen?" „Ja, ich komm mit." „Könntest du das bitte noch…?" "Na gut. Mach ich." Und zack – wieder ein Coin weg. Lebenszeit, verschenkt. An Erwartungen. An Harmonie. An die Angst, andere zu enttäuschen. Wir leben in einer Welt, die von uns erwartet, verfügbar zu sein. Nett. Angepasst. Bereit. Und wir verwechseln Zustimmung mit Zugehörigkeit. Aber jedes "Ja", das du gibst, obwohl du "Nein" meinst, hinterlässt ein kleines Loch in deinem Inneren. Kein lautes, dramatisches. Ein stilles. Aber es tropft. Und mit jedem Tropfen verlierst du ein Stück von dir.

Das Ja, das dich leer macht

Es sind nicht die großen Lebensentscheidungen, die dich am meisten kosten. Es sind die kleinen täglichen Verrate an dir selbst:

- Das Ja zur Verabredung, obwohl du Ruhe brauchst.
- Das Ja zum Job, obwohl du innerlich schon gekündigt hast.
- Das Ja zur Meinung anderer, obwohl deine Seele widerspricht.

Diese Ja's haben einen Preis: **Dich. Deine Lebenszeit. Den Lebenscoin.**

Ein klares Nein zu anderen ist oft das größte Ja zu dir selbst. Aber wir haben gelernt: Nein ist egoistisch. Nein ist unbequem. Nein macht dich unsympathisch.

Bullshit.

Ein ehrliches Nein ist ein Akt der Selbstachtung. Und wer dein Nein nicht aushält, hat dein Ja nie verdient.

Warum sagst du trotzdem Ja?

Weil du gefallen willst. Weil du dazugehören willst. Weil du denkst, du musst. Aber was du wirklich musst, ist bei dir bleiben. Denn niemand kommt am Ende deines Lebens zu dir und sagt: „Wow, toll, dass du dich immer so zurückgenommen hast."

Eine Frau, die „Ja" gesagt hat – so oft, dass am Ende kein Platz mehr für sie selbst blieb. Still, stark, erschöpft. Und irgendwann... knackt es.

Ein Mann der nur funktioniert - kann brechen.

Ihr letztes „Ja" war eines zu viel

Es war Dienstag. 17:38 Uhr. Der Supermarkt roch nach aufgebackenen Brötchen und Müdigkeit. Sie hatte 11 Dinge auf dem Einkaufszettel, 23 Dinge im Kopf und 0 Prozent Akku in sich. Die Kollegin hatte sie gebeten, den Workshop noch zu übernehmen. „Du machst das doch eh immer so souverän." Sie hatte gelächelt. Genickt. „Klar, mach ich." Zuhause war Chaos. Die Kinder wollten Pizza, der Hund hatte wieder auf den Teppich gekotzt, ihr Mann fragte: „Was gibt's eigentlich zu essen?" Sie atmete tief ein. Wieder dieses Lächeln. „Ich kümmere mich drum." Und dann stand sie da, vor dem Kühlregal, mit einem Fertigpizzakarton in der Hand – und plötzlich liefen ihr einfach nur die Tränen. Keine Ahnung, warum gerade jetzt. Vielleicht, weil niemand in diesem Laden erwartete, funktional zu sein. Vielleicht, weil sie inmitten von abgepackter Bequemlichkeit endlich spürte, wie verdammt unbequem ihr Leben geworden war. Sie sagte immer Ja. Weil sie dachte, das müsse sie. Weil sie dachte, das sei Liebe. Weil sie dachte, sonst bricht alles zusammen. Aber jetzt merkte sie: Es ist nicht alles zusammengebrochen. Nur sie. Sie ließ die Pizza liegen. Sie ließ das perfekte Abendessen los. Sie fuhr nach Hause, setzte sich auf den Boden im Flur und sagte den ersten Satz, den sie seit Jahren wirklich meinte: „Ich kann nicht mehr. Und ich will nicht mehr so leben."

Es war kein Zusammenbruch. Es war ein Aufbruch. Ein „Nein", geboren aus 1000 falschen Ja's. Und zum ersten Mal seit langer Zeit war da etwas in ihr, das flüsterte: Jetzt. Jetzt wird's echt.

Jetzt kommt der weitere Blick hinter die Fassade, wo Männer oft nicht mehr reden – sondern nur noch tragen. Bis nichts mehr geht. Und niemand weiß, warum plötzlich alles still ist.

Der Mann, der zu allem Ja sagte, nur nicht zu sich

Er war der Fels. Der, der's regelt. Der immer alles im Griff hat, der immer da ist, immer stark, immer klar, immer... funktional. Er hatte früh gelernt, wie das geht: nicht jammern, machen, liefern. Ein echter Mann, sagen sie. Verlässlich, belastbar, loyal. Und so sagte er Ja. Zu Überstunden. Zu den Aufgaben, die keiner wollte. Zu der Steuer, dem Rasenmähen, dem Schul-Elternabend. Ja zum dritten Glas Wein, um runterzukommen. Ja zum Schweigen, wenn es eigentlich Wut gebraucht hätte. Er war der Fels. Und keiner merkte, dass Felsen auch Risse bekommen. Es war Samstagabend. Geburtstag der Schwiegermutter. Grillfest im Garten, mit zu viel Bier, zu viel Lärm, zu vielen Gesprächen, die sich nach nichts anfühlten. Er stand am Rand, lachte an den richtigen Stellen. Und dann sagte jemand: „Ey, du bist echt 'ne Maschine. Wie du das alles hinkriegst – krass." Und irgendwas in ihm… brach. Nicht sichtbar. Nicht laut. Aber es traf. Denn tief drin wusste er: Ich krieg gar nichts hin. Ich geh nur nicht kaputt – noch nicht. Später, zuhause, allein im Bad. Er stützte sich am Waschbecken ab. Schaute in den Spiegel. Und erkannte einen Mann, den er seit Jahren nur noch an der Oberfläche kannte. Er flüsterte ein Wort, das sich fremd anfühlte – aber wahr war: „Nein." Nein zum Funktionieren. Nein zur Maske. Nein zum Alleintragen. Und in diesem Nein lag zum ersten Mal die Hoffnung auf ein Ja – zu sich selbst.

Männer brechen nicht laut. Sie zerbröckeln leise. Und oft viel zu spät. Aber wenn sie beginnen, ehrlich Nein zu sagen, dann wird's nicht nur still – es wird echt.

Kapitel 5 – Wer verdient deinen Coin wirklich?

Deine Lebenszeit ist kein Massenprodukt. Sie ist kein All-you-can-eat Buffett. Sie ist die feinste Währung, die du je besitzen wirst.

Und trotzdem gibst du sie weg – an Menschen, die dich nicht sehen, an Aufgaben, die dich nicht erfüllen, an Verpflichtungen, die nichts mit dir zu tun haben. Nicht weil du schwach bist. Sondern weil du es so gelernt hast.

Du investierst – immer

Ob du willst oder nicht: Jeden Tag investierst du.

- In Gespräche, die dich leer machen.
- In Arbeit, die deine Seele nicht nährt.
- In Gedanken, die dich klein halten.
- In Erwartungen, die nie deine waren.

Du investierst – oder du wirst investiert.

Es gibt keinen neutralen Modus. Und jetzt kommt die bittere Wahrheit: Die meisten Menschen haben keine Ahnung, wer ihre Coins frisst.

Energie folgt der Aufmerksamkeit!

Wo deine Gedanken sind, ist deine Energie. Und wo deine Energie ist, ist deine Zeit. Scrollst du stundenlang durch das Leben anderer – oder gestaltest du deins? Bist du im Gespräch anwesend – oder planst du schon die nächste Pflicht?

Sagst du Ja zu allem – weil du dich sonst schuldig fühlst?
Dann frag dich: Wen fütterst du? Und wer füttert dich?

Nicht jeder verdient dein JA. Nicht jeder verdient deinen Coin.
Nicht jeder darf an deinen inneren Tisch.
Denn weißt du was? Du hast einen Thron in dir. Und es wird
Zeit, dass du entscheidest, wer dort überhaupt noch sitzen
darf.

Der Coin-Test: Drei einfache Fragen

1. Gibt mir diese Person - Energie;
2. Gibt mir die Situation - Kraft – oder nimmt sie mir welche?
3. Bin ich danach näher bei mir – oder weiter entfernt?
4. Würde ich meine letzte Stunde dafür eintauschen? Würde
   ich meine letzte Stunde genauso wieder verbringen?

Wenn du bei einer Sache ein Nein denkst, dann hat sie deinen
Coin nicht verdient. Du musst nicht dein Leben von heute auf
morgen radikal umkrempeln. Aber du solltest anfangen,
bewusst zu wählen.
Denn wenn du es nicht tust – tut es jemand anderes für dich.
Und du kennst den Preis. **Lebenszeit. Lebenscoin.**
"Nicht jeder verdient deinen Coin."

Sie spürte es beim Kaffeetrinken

Es war Sonntagnachmittag. Cappuccino, Zitronenkuchen, drei Frauen, ein Tisch. Sie kannte die beiden seit Jahren. Schulfreunde. Mütter. Verbündete im Alltagschaos. Und doch saß sie da und fühlte sich… fremd. Die Gespräche liefen. Über Lehrer, Urlaube, Nachbarn. Sie lächelte, nickte, schob ein „Ach echt?" dazwischen. Aber innerlich war sie längst weg. Sie hatte sich verändert. Nicht besser, nicht überlegener – nur… anders. Tiefer. Wacher. Die Themen, die sie früher interessiert hatten, fühlten sich heute an wie lauwarme Suppe. Und zum ersten Mal fragte sie sich still: "Warum bin ich eigentlich noch hier?" Es war kein Urteil – sondern eine Erkenntnis. Nicht jede Verbindung muss für immer halten. Nicht jeder Mensch wächst mit dir. Sie bezahlte ihren Kaffee. Herzlich, aber klar. Und in ihr wuchs ein Satz, der nicht traurig, sondern befreiend war: **„Ich darf weiterziehen."**

Er merkte es mitten im Gespräch

Er saß im Büro seines Vorgesetzten. Die Zahlen waren gut. Das Projekt war durch. Er hatte geliefert – wie immer. Und dann kam dieser Satz: „Wenn du noch ein bisschen mehr Gas gibst, winkt dir vielleicht die nächste Stufe." Vielleicht. Eventuell. Wenn er noch mehr opfert. Und da war sie, diese innere Stille. Nicht enttäuscht. Nicht verletzt. Nur glasklar. Er hörte sich selbst sagen: „Danke. Ich überleg's mir." Aber in ihm schrie etwas: „Nein. Das ist es nicht mehr wert." Er hatte Jahre lang alles gegeben. Für den Titel, für die Anerkennung, für den Applaus in leeren Räumen. Aber jetzt wusste er: **„Ich zahle zu viel – und bekomme zu wenig zurück."**

Am Abend ging er spazieren. Allein, ohne Ziel. Und mit jedem Schritt wurde ihm klar: Er war nicht „ausgebrannt". Er war überreizt – zu oft, zu lange, zu selbstverständlich. Und er schwor sich: Ab heute kommt zuerst mein Coin – und dann die Welt.

Bist Du bereit - Denn Kapitel 6 ist das Kapitel, wo die Augen aufgehen und wo das Erste echte **„Ich hab's satt"** durchs Herz rauscht.

Kapitel 6 – Lebenszeit-Räuber entlarven

Du sitzt vielleicht gerade auf dem Sofa, denkst an deinen Alltag – und spürst: Irgendwas stimmt nicht. Du bist müde, obwohl du geschlafen hast. Leer, obwohl du alles gegeben hast. Still, obwohl dein Kalender brüllt. Dann darf ich dir gratulieren: Du hast deinen ersten Lebenszeit-Räuber aufgespürt.

Wer oder was klaut dir die Coins?

Spiegel: Es sind nicht immer „die Anderen". Manchmal bist es auch du selbst. Mit deinem ewigen Ja. Mit deinem Pflichtgefühl. Mit deiner Angst, nicht zu genügen. Aber wir schauen jetzt ganz konkret hin. Keine Ausreden. Keine Ausflüchte. Du willst aufwachen? Dann musst du wissen, wer dich einschläfert.

Räuber Nr. 1: Die Stimme im Kopf – „Du musst"

„Du musst stark sein." „Du musst durchziehen." „Du musst gefallen." „Du musst funktionieren. Diese Stimme klingt wie du – aber sie ist nicht dein wirkliches Du. Sie ist das Echo deiner Erziehung, deiner Lehrer, deiner Chefs, deiner Ex-Beziehungen, deiner verdammten To-do-Listen. Und sie raubt dir Tag für Tag deine Kraft. Weil sie dich nicht fragt, was du willst – sondern nur befiehlt, was du leisten sollst.

Lösung? Stell sie infrage. Und wenn sie wieder kommt, sag ihr ganz trocken: „Danke für deinen Beitrag – aber ich hab heute schon etwas Anderes vor."

Räuber Nr. 2: Die Schuldgefühle

Ah ja, der Klassiker. Du sagst Nein – und sofort schreit das schlechte Gewissen. "Du bist egoistisch!" "Was denken die Anderen?" "Du kannst doch nicht einfach..." Doch. Du kannst. Schuldgefühle sind die Parkkralle des Systems. Sie halten dich davon ab, loszufahren – in Richtung deines echten Lebens. Newsflash:

Du darfst Nein sagen, ohne dich zu rechtfertigen. Du darfst dich entscheiden, ohne Applaus. Du darfst glücklich sein, auch wenn andere es nicht verstehen. Und wenn dein schlechtes Gewissen wieder nervt: Lächeln. Nicken. Tür zu.

Räuber Nr. 3: Das digitale Dauerrauschen

Sag ehrlich: Wie oft greifst du zum Handy – nicht, weil du musst, sondern weil du nicht mehr fühlst, was du brauchst? Du scrollst. Checkst. Schickst. Likest. Antwortest.

Und merkst nicht, wie du deine Lebenszeit in kleinen Portionen verschenkst. 30 Sekunden hier. 3 Minuten da. Ein Reel, das dich nicht wirklich berührt. Ein Chat, der nichts in dir bewegt. Das ist keine Pause. Das ist Selbstvergessenheit. Und sie hat hohe Gebühren. Tipp? Lass das Handy regelmäßig liegen. Und wenn du es vermisst – frag dich: „Was will ich gerade eigentlich NICHT fühlen?"

Boom.

Räuber Nr. 4: Menschen, die dich nur mögen, wenn du nicht Du bist

Aua. Ja, auch das. Es gibt Menschen, die lieben dich – solange du dich verbiegst. Solange du funktionierst. Solange du ihnen nicht zeigst, wie groß, wild, zart, laut, still, anders bist - du DU bist. Sie sagen: „Du hast dich verändert." Was sie meinen: „Du passt nicht mehr in mein bequemes Bild von dir." Und weißt du was? Dann ist das ihr Problem. Nicht deins. Lebenszeit ist zu wertvoll für Bindungen, die nur funktionieren, wenn du dich kleiner machst.

Räuber Nr. 5: Der „später"-Mythos

Vielleicht der größte von allen. Der, der flüstert: „Mach's morgen." „Bald ist der richtige Moment." „Wenn alles passt, dann..." Er ist charmant, dieser Mythos. Er klingt vernünftig. Er lullt dich ein – bis du plötzlich 20 Jahre später aufwachst und feststellst: „Ich hab auf ein Leben gewartet, das nie gekommen ist."

Lösung? Kill den Mythos. Nicht morgen. **Jetzt.**

Du darfst deinen Coin zurückholen. Mit jedem klaren Gedanken. Mit jedem Nein, das sich richtig anfühlt. Mit jedem Ja zu dir. Du bist kein Opfer deiner Umstände. Du hast eine Vergangenheit, aber Du bist sie nicht. Du bist der Wächter deiner Lebenszeit. Und jetzt... wirst du unbequem. Für all das, was dich klein halten will.

„Ich hab's satt. Genug Coins verschenkt."

Sie stand mitten in der Küche und alles wurde plötzlich klar

Die Spülmaschine piepte. Das Handy vibrierte. Ihr Sohn schrie: „Maaamaaaa!" Und ihr Mann fragte, ohne aufzusehen: Was essen wir eigentlich heute?" Sie stand zwischen Herd und Esstisch, mit einem Holzlöffel in der Hand, als wäre er ein Zauberstab, mit dem sie diese absurde Normalität irgendwie kontrollieren könnte. Und plötzlich war da nichts mehr in ihr. Keine Wut. Keine Tränen. Nur… Stille. Sie dachte: „Ich hab alles gegeben. Für alle. Immer. Und niemand fragt mich, ob ich überhaupt noch da bin." Dann ging sie einfach raus. Aus der Küche. Aus dem Moment. Setzte sich in den Flur. Atmete.

Und in ihr wuchs ein Satz, leise, klar, kompromisslos:

„Ich bin nicht die Bedienung meines eigenen Lebens."

Sie würde neu wählen. Wer ihre Zeit bekommt. Was sie mit ihren Stunden füllt. Und vor allem: Was nie wieder zurück an ihren Tisch darf.

Er stand am Rand der Geburtstagsfeier und erkannte sich selbst nicht mehr

Es war der Geburtstag seines besten Freundes. Laut, voll, viel Bier, viel Lachen – das übliche Männerding. Früher hätte er das geliebt. Aber heute stand er mit einem Glas in der Hand und seine Gedanken waren woanders. Bei seiner Gitarre, die seit Jahren verstaubte. Bei der alten Idee vom eigenen Business. Bei dem Gefühl, dass das alles hier… **nicht mehr seins war.**

Einer klopfte ihm auf die Schulter: „Alter, du bist irgendwie so still heute – alles gut?" Er lächelte. „Klar." Aber innerlich schrie es: „Nein. Es ist NICHT gut. Ich bin verdammt nochmal nicht mehr dieser Typ." Er ging nach Hause. Setzte sich auf den Balkon. Schaute in die Nacht. Und in sich. Und dann schrieb er auf einen Zettel:

- Kein Smalltalk mehr, wenn meine Seele schreit.
- Kein Projekt mehr, das mir Energie zieht.
- Kein „Ich mach das schon", wenn ich längst leer bin.

Er sah auf den Zettel. Dann schrieb er noch ein Wort dazu – ganz oben: **„Ich."** Nicht egoistisch. Echt. Er würde nicht mehr funktionieren. Er würde wieder leben.

Kapitel 7 – Der Moment, der alles ändert

Manchmal kommt er schleichend. Manchmal wie ein Faustschlag. Aber er kommt. Der Moment, der alles verschiebt. Nicht außen. Sondern Innen. Die Fassade beginnt zu bröckeln. Die Stimme in dir wird lauter. Etwas sagt: „So nicht mehr."

Vielleicht ist es ein Arztgespräch. Eine Trennung. Ein leerer Blick im Spiegel. Ein Kind, das fragt: „Warum bist du nie richtig da, wenn du da bist?" Oder du wachst einfach an einem Dienstagmorgen auf und stellst fest: Du hast keine Lust mehr, dich selbst zu belügen.

Diese Momente sind brutal - und heilig.

Denn sie sind keine Krise. Sie sind eine Einladung. Nicht immer willkommen. Oft unbequem. Aber ehrlich. Sie fragen dich nicht: „Bist du bereit?" Sondern: „Bist du echt?"

Warum solche Momente heilen können

Weil sie dich rausreißen. Aus dem Hamsterrad. Aus der Rolle. Aus dem Autopilot. Du merkst plötzlich:

- Wie oft du geschwiegen hast, obwohl du schreien wolltest.
- Wie oft du funktioniert hast, obwohl du innerlich zerbrachst.
- Wie sehr du dich vergessen hast – für ein Leben, das sich nicht mehr nach dir anfühlt.

Und dann stehst du da. Leer. Erschöpft. Aber zum ersten Mal wahrhaftig. Das Leben schickt dir keine Warnsignale in Neon. An den Scheidewegen des Lebens stehen keine Hinweisschilder.

Es sendet dir feine Risse. Immer wieder. Und irgendwann – wenn du sie ignorierst – kommt der Bruch. Nicht um dich zu bestrafen. Sondern um dich zu erinnern. An dich. An deinen Coin. An dein echtes Leben. Und weißt du was? So ein Moment ist kein Ende. Es ist der Beginn. Deiner Rückkehr zu dir.

Sie lag im Bett. Und plötzlich war da nichts mehr.

Es war ein Donnerstag. 22:41 Uhr. Sie lag regungslos im Dunkeln, das Handy in der Hand, das Gesicht im Kissen vergraben. Den ganzen Tag hatte sie „funktioniert". Meetings, Kinder, Essen, Haushalt, Lächeln. Sogar der Sex am Abend war wie ein Haken auf der To-do-Liste. Check. Erledigt. Gut gemacht. Aber jetzt war sie leer. Und dieses Mal nicht nur müde – sie war verschwunden. Keine Gedanken. Kein Plan. Kein Gefühl. Nur ein einziges, nagendes Gefühl tief im Bauch: **„Ich kann nicht mehr. Ich will nicht mehr. Ich weiß nicht mehr, wer ich bin."**

Sie weinte. Still. Nicht wegen eines Dramas – sondern, weil sie spürte: Das war's. Das alte Leben passt nicht mehr. Am nächsten Morgen stand sie nicht auf. Zum ersten Mal in ihrem Leben meldete sie sich krank – nicht wegen Fieber. Sondern weil ihre Seele Fieber hatte. Und sie begann zu schreiben. Nicht für Likes. Nicht für irgendwen. Für sich. Was sie wollte. Wovon sie träumte. Worauf sie keine Lust mehr hatte.

Sie nannte es: „Mein erstes echtes Gespräch mit mir selbst."

Und das war der Moment, an dem ihr altes Leben endete.

Und das Echte begann.

Der Tag, an dem er nicht mehr aufstand

Er hatte alles vorbereitet. Die Präsentation. Das Projekt. Die Krawatte. Den perfekten Ablauf. Es war ein wichtiger Tag. Er sollte vor der Geschäftsleitung sprechen. Und alle sagten: „Das ist dein Moment." Aber an diesem Morgen öffnete er die Augen – und blieb liegen. Nicht, weil er krank war. Nicht, weil er schwach war. Weil er's nicht mehr konnte. Sein Körper funktionierte. Aber etwas in ihm hatte aufgehört zu gehorchen. Er lag da. Stille. Kein Drama. Kein Wutanfall. Nur dieses: „Ich kann das nicht mehr. Nicht einen einzigen Tag länger." Er griff nicht zum Handy. Er schrieb keine Mail. Er sagte nichts. Er hörte sich selbst atmen – und merkte: Das ist das Erste, was ich heute wirklich tue. Stunden später stand er auf. Duschte. Setzte sich hin – mit Stift und Papier. Und begann, die Fragen zu beantworten, die er sich zehn Jahre lang nicht gestellt hatte:

- „Wofür bin ich noch bereit, meine Zeit zu geben?"
- „Wofür nicht mehr?"
- „Und was habe ich all die Jahre geglaubt, tun zu müssen, um wertvoll zu sein?"

Es wurde still in ihm. Aber es war keine Leere. Es war Platz. Für Wahrheit. Für Richtung. Für sich.

„Ich bin nicht allein." Und dann kommt die innere Entscheidung: „Ich will zurück zu mir."

Kapitel 8 – Der Tod ist der beste Coach - der beste Berater

Klingt radikal, oder? Ist es auch. Denn niemand will mit ihm reden. Er ist der ungeladene Gast, der trotzdem irgendwann die Tür öffnet. Der Tod. Wir tun alles, um ihn auszublenden: Vorsorge. Kosmetik. Termine. Ablenkung, bis zur letzten Sekunde. Aber was wäre, wenn der Tod gar kein Feind ist? Was, wenn er der Einzige ist, der dir wirklich zeigt, was zählt?

Der Tod stellt dir nur eine einzige Frage

Und es ist nicht: „Hattest du genug Geld?" Oder: „Warst du beliebt?" Oder: „Hast du immer alles richtig gemacht?"

Sondern:

„Hast du gelebt – oder nur überlebt?"
Er fragt dich nicht nach deinem Lebenslauf. Er fragt dich nach deiner Lebenslust. Nicht nach Likes, sondern nach Liebe. Nicht nach Leistung, sondern nach Leben.

Warum der Tod dich zurück ins Jetzt holen kann

Wenn du heute wüsstest, dass du nur noch 6 Monate zu leben hättest – was würdest du loslassen? Was würdest du anders machen?

Was würdest du zum ersten Mal tun? Die meisten Menschen fangen erst dann an, echt zu leben, wenn sie glauben, es sei zu spät. Aber das ist der Trick:
Es ist nie zu spät – bis du glaubst, es ist zu spät.

Der Tod ist der beste Coach, weil er dich radikal ehrlich macht

- Er duldet keine faulen Ausreden.
- Er hat kein Verständnis für „Ich kann gerade nicht".
- Und er lässt dich nicht schlafen, wenn du weißt, dass du dich selbst betrügst.

Er ist der Einzige, der dich immer wieder leise fragt: „Und… ist das da, was du tust, wirklich das Leben, das du führen willst?"

Du brauchst keine Krankheit, um aufzuwachen

Du brauchst kein Drama. Keinen Unfall. Keine Katastrophe.
Nur den Mut, dich zu fragen:

- Lebe ich so, wie ich bin? Wie ich wirklich leben will?
- Bin ich heute echt gewesen – oder nur anwesend?
- Würde ich mein Leben tauschen, wenn ich es von außen sehen würde?
- Was motiviert mich, morgens aufzustehen?

Und wenn die Antwort „Nein" ist – dann hast du heute die Chance, neu zu beginnen.

Der Tod ist unbequem – aber er lügt nie

Er ist dein Spiegel. Er ist dein Wecker. Und manchmal… ist er der Einzige, der dich daran erinnert: Du bist nicht hier, um zu funktionieren. Du bist hier, um zu fühlen, zu wachsen, zu lachen, zu weinen, zu erschaffen, zu LEBEN.

Sie stand neben dem Bett ihrer Mutter und verstand plötzlich das Leben

Das Krankenhaus war still. Nur das Piepen der Monitore und das Atmen ihrer Mutter, flach und unregelmäßig. Sie hielt ihre Hand. Diese Hand, die sie früher durch den Supermarkt geführt hatte. Die sie geföhnt, beruhigt, getröstet hatte. Jetzt war sie schwach. Durchsichtig fast. Wie Pergament. Ihre Mutter öffnete die Augen. Nur kurz. Ein Lächeln. So weich, so müde. Dann ein Flüstern: „Ich hab zu lange gewartet, weißt du… auf später." Sie sagte nichts. Was willst du auch sagen, wenn jemand in einem Satz das ganze Leben zusammenfasst? Später. Wenn die Kinder groß sind. Wenn die Angst kleiner wird. Wenn du endlich darfst. Und jetzt lag sie da. Und hatte kein „später" mehr. Als ihre Mutter eingeschlafen war – dieses Mal für immer – saß sie noch eine Stunde da. Und in dieser Stunde wurde sie geboren. Neu. Nicht laut. Nicht pathetisch. Nur… **wach.**

Sie fuhr nach Hause, öffnete ihr Notizbuch und schrieb nur einen Satz: „Ich werde nicht wie sie sterben – mit einem Herz voller ungelebt." Mit einem "Später"...

Der Mann, der fast ging – und zum ersten Mal fühlte, dass er lebt

Es war schnell passiert. Falsche Stelle auf der Autobahn. Falscher Moment. Knall. Schwarz. Er wusste nicht, wie lange er weg war. Nur, dass er wieder aufwachte. Im Krankenhaus. Mit Kabeln, Schmerz, Stille im Kopf – und einer Krankenschwester, die sagte: „Es war knapp." Knapp. Als hätte das Leben gefragt: „Willst du wirklich noch bleiben? Oder ist das alles schon durchgespielt?" Er starrte an die Decke. Und da war nicht Panik. Nicht Trauer. Da war Wut. Wut auf sich. Weil er auf dem Weg war, zu sterben, ohne jemals richtig gelebt zu haben. Er hatte Pläne gehabt. Immer später. Und jetzt hätte „später" nur Millimeter entfernt stattgefunden. Vielleicht 3 Sekunden. Vielleicht 30 cm. Das war seine zweite Geburt. Die Erste hatte er nicht gewählt. Diese schon. Als er entlassen wurde, ging er als Anderer. Nicht spirituell verklärt. Nicht mit Räucherstäbchen im Rucksack. Sondern mit einem radikal klaren Kompass: „Wenn ich bleibe – dann echt." „Wenn ich lebe – dann nicht mehr im Halbschatten."

Jetzt ist der Moment. Nicht morgen.

Kapitel 9 – Was bleibt, wenn du gehst?

Dein letzter Atemzug wird kommen. Ob du daran glaubst oder nicht. Ob du bereit bist oder nicht. Dein Handy wird dann nicht mehr wichtig sein. Dein Auto steht still. Dein Kalender ist leer. Dein Kontostand? Egal. Und die Frage ist: Was bleibt von dir – wenn du nicht mehr da bist?

Du kannst dein Leben nicht mitnehmen.

Aber du kannst etwas hinterlassen. Und nein – das heißt nicht: Häuser oder Firmen.
Es heißt: Eindrücke. Energie. Erinnerung. Du hinterlässt, wie du Menschen berührt hast. Ob du jemand warst, bei dem andere echt sein durften. Ob du ein Mensch warst, der Licht gebracht hat – oder nur Ordnung. Du hinterlässt, wie du geliebt hast. Wie du vergeben hast. Wie du dich gezeigt hast – nicht wie du funktioniert hast.

Die meisten Menschen hinterlassen keine Spur.

Nicht, weil sie nichts könnten. Sondern weil sie sich nicht getraut haben, sie selbst zu sein. Sie haben sich angepasst. Sich klein gemacht. Sich verbogen für Systeme, die ihnen nie Danke gesagt haben. Und dann? Dann waren sie weg. Still. Leise. Als wären sie nie da gewesen.

Du kannst ein Lebenslauf schreiben. Oder ein Lebenswerk hinterlassen.

Und du musst dich jetzt entscheiden.

Was willst du, dass man über dich sagt?

Am Ende, bei der Beerdigung. Oder später, wenn jemand deinen Namen nennt. Was soll bleiben?

- „Sie war immer pflichtbewusst."
- „Er hat sich nie beschwert."
- „Sie hat nie etwas für sich getan."
- „Er war immer erreichbar."

Oder willst du das hier hören:

- „Sie hat mein Leben verändert."
- „Er hat mich erinnert, wer ich bin."
- „Mit ihr war alles echt."
- „Er hat mehr gegeben als geleistet."

Was bleibt, wenn du gehst?

Nicht dein Jobtitel. Nicht dein Gewicht. Nicht die saubere Wohnung. Sondern deine Energie. Deine Liebe. Dein Mut. Dein Licht. Und die Frage ist nicht: „Habe ich genug getan?"

Sondern:

„Habe ich echt gelebt – und dabei etwas in der Welt bewegt?"

Jetzt. Heute.

Legst du fest, was bleibt. Mit jedem Satz, den du sagst. Mit jeder Entscheidung, die du triffst. Mit jedem verdammten Coin, den du nicht mehr verschenkst. Du bist nicht hier, um zu überleben. Du bist hier, um zu hinterlassen. Nicht laut. Nicht perfekt. Aber authentisch, spürbar, real.

„Ich bin sterblich – und genau deshalb ist meine Zeit kostbar." Was bleibt, bestimme ich jetzt.

Sie saß im Café und plötzlich wurde ihr klar: Ich war zu lange still

Es war ein gewöhnlicher Nachmittag. Fensterplatz. Cappuccino. Frühlingssonne. Sie beobachtete zwei junge Frauen am Nachbartisch. Sie lachten, redeten laut, voller Energie, voller Träume. So war sie früher auch. Bevor das Leben kam. Die Pflichten. Die Rollen. Der Druck, eine „gute Frau" zu sein. Die endlosen Kompromisse. Das Sich-anpassen. Die Jahre, in denen sie mehr reagierte als lebte. Sie rührte in ihrem Kaffee. Und dachte: „Wenn ich morgen gehen müsste… was würde von mir bleiben?" Ein sauberes Zuhause. Zuverlässigkeit. Zwei Kinder, die sie lieben – aber nicht wirklich kennen. Und dann kam dieser Satz. Leise. Glasklar. Nicht aufzuhalten: „Ich will nicht als pflichtbewusste Erinnerung sterben. Ich will als echtes Herz bleiben." Sie zahlte. Ging. Und am nächsten Tag setzte sie sich zum ersten Mal in 20 Jahren an ihr altes Klavier. Nicht, um es zu „können", sondern um wieder zu klingen. Ab da veränderte sich alles. Nicht laut. Aber echt. Und sie wusste: Das bleibt. Der Klang. Ihre Farbe. Ihr echtes Ich.

Er stand am Grab seines Vaters und spürte plötzlich sein eigenes Herz

Es war ein klarer, kalter Tag. Die Beerdigung war schlicht, so wie sein Vater war. Verlässlich. Still. Nie viel Worte. Immer präsent – aber irgendwie unsichtbar. Er stand da, das Jackett zu eng, die Augen trocken. Und dachte: „Was bleibt von ihm?" Ein Werkzeugkasten. Zwei Geschichten. Ein paar handfeste Ratschläge. Aber keine Nähe. Kein echtes Gespräch. Kein Satz, der ihn je wirklich berührt hatte. Und plötzlich dachte er: „Ich bin dabei, genau so zu werden." Karriere läuft. Ziele erreicht. Aber seine Tochter sagte neulich: „Papa, du bist cool, aber du bist irgendwie… weit weg." Und da, am Grab, beschloss er: Er würde nicht ein zweites Schattenleben führen.

Er ging nach Hause, nahm sein Handy und schrieb seiner Tochter: „Ich hab dich lieb. Nicht weil du was tust – sondern weil du du bist. Ich will mehr von dir mitbekommen. Und du sollst mehr von mir sehen." Keine Show. Kein Drama. Ein Anfang. Echt. Und er wusste: Wenn ich gehe, soll sie sagen: „Mein Vater war da. Für mich. Für sich. Echt."

Der Coin-Kompass: Wie du deine Zeit neu investierst

Willkommen im nächsten Kapitel deines Lebens. Wenn du bis hier gelesen hast, dann hast du wahrscheinlich schon eines begriffen: So wie bisher… willst du nicht mehr weitermachen. Zu mindestens in der einen oder anderen Sache.

Und das ist der beste Punkt, um zu starten. Denn ab hier bauen wir neu. Nicht auf Schuld. Sondern auf Bewusstsein. Der Coin-Kompass ist kein Coaching-Tool. Keine „7 Schritte zum Glück"-Formel. Er ist ein innerer Richtungsgeber. Eine Haltung. Eine Erinnerung. Eine Wahl. Und du triffst sie jeden Tag.

Kapitel 10 – Präsenz ist Macht

Die größte Illusion unserer Zeit ist: "Ich hab zu wenig Zeit." Aber die Wahrheit ist: Du hast genug Zeit – du bist nur selten da. Du isst – und denkst an die nächste Aufgabe. Du sprichst – und bist mit dem Blick auf dem Handy. Du sitzt mit deinem Kind auf dem Sofa – und planst die Einkaufsliste. Und so verstreicht dein Leben. Nicht weil du nichts erlebst – sondern weil du nicht anwesend bist, während es passiert.

Präsenz ist radikal.

„Präzenz" wie eine Mischung aus „Präsenz" (also Anwesenheit, Gegenwärtigkeit) und „Präsent" (das Geschenk). Präsenz ist ein Geschenk. Also: Wenn du wirklich da bist – aufmerksam, im Moment, bei dir und bei anderen – schenkst du etwas Wertvolles. Deine volle Präsenz ist oft bedeutungsvoller als jedes materielle Präsent.

Sie verlangt nicht mehr Zeit – sie verlangt mehr Bewusstheit. Und sie stellt dir eine einfache Frage: „Bist du da – oder nur anwesend?" Das bedeutet:

- Wenn du isst, dann iss.
- Wenn du sprichst, dann hör auch wirklich zu.
- Wenn du liebst, dann sei ganz da.

Und wenn du merkst, dass du abschweifst, flüchtest, dich betäubst – dann hol dich zurück. Sanft. Aber klar.

Deine Präsenz ist dein Geschenk an die Welt

Menschen erinnern sich nicht an das, was du gesagt hast. Sondern an das Gefühl, das du ihnen gegeben hast, als du wirklich da warst. Kinder merken es ganz deutlich. Partner merken es. Freunde merken es. Dein Körper merkt es.
Und weißt du, wer es am meisten merkt?
Dein inneres Selbst – das sich seit Jahren wünscht, dass du endlich wieder „nach Hause kommst".

Die 60-Sekunden-Regel

Wenn du spürst, dass du abdriftest, nimm dir 60 Sekunden. Nur eine Minute.

- Schließe die Augen.
- Atme.
- Spüre: Füße, Hände, Körper.
- Und dann frag dich:
- „Was will ich in diesem Moment wirklich erleben?"

Das verändert alles. Nicht weil du dann „mehr" schaffst. Sondern weil du echt lebst.

Die Frau, die plötzlich beim Brotschneiden innehielt

Es war Montagmorgen. Sie machte Brotdosen fertig. Nebenbei lief das Radio, die Kaffeemaschine röchelte, das Handy vibrierte. „Mamaaa! Wo ist mein Turnbeutel?" „Hast du die Eltern-Mail gelesen?" „Was ist mit dem Zoom-Call um neun?" Sie war überall – und nirgends. Dann fiel ihr das Messer aus der Hand. Es war nichts passiert. Keine Verletzung. Aber dieser Klang, dieses Klack auf der Arbeitsplatte...war wie ein Gong. Stille. Sie schaute auf ihre Hände. Spürte ihren Herzschlag. Spürte, dass sie gar nichts spürte. Und dann – für 60 Sekunden – stellte sie alles ab. Handy. Radio. To-do-Liste. Sie lehnte sich an die Wand. Und sagte leise, fast erschrocken: „Ich bin gar nicht mehr hier. Ich bin weg." Sie atmete. Tief. Echt. Und entschied: Ab heute gibt es wieder Momente, in denen ich nicht nur funktioniere – sondern wirklich da bin. Abends saß sie mit ihrem Kind auf dem Sofa. Kein Handy. Kein Plan. Nur Geschichten. Kichern. Wärme.
Ein Moment. Ein Coin. Investiert. In echt.

Der Mann im Auto, der plötzlich stehen blieb

Stau. Radio-Gedudel. Er auf dem Weg zu einem Kundentermin, der ihn null interessierte. Sein Kopf war voller Tabellen, seine Schultern verspannt, sein Kiefer verkrampft. Der Verkehr schob sich zäh durch die Stadt. Er fluchte. Murmelte. Checkte sein Handy an der Ampel.

Dann, an einer roten Ampel, sah er im Seitenspiegel einen alten Mann auf einer Parkbank sitzen. Kaffee in der Hand. Gesicht in der Sonne. Einfach… da. Er schaute ihn an. Und spürte plötzlich so deutlich: „Ich bin am Leben vorbei unterwegs." Er blinkte rechts. Bog ab. Stellte sein Auto in eine Parklücke. Stieg aus. Und setzte sich. Auf eine andere Bank, ein paar Meter weiter. Kein Ziel. Keinen Auftrag. Nur er – und sein Leben. Er atmete. Und dachte: „Wenn ich nicht lerne, anzuhalten, dann fahr ich mich irgendwann selbst gegen die Wand."

In diesem Moment war er wieder da.

Nicht am Ziel. Aber im Leben.

Kapitel 11 – Dein neues Lebenszeit-Portfolio

Stell dir vor, dein Leben wäre ein Konto. Keins bei der Bank – sondern ein Konto voller Stunden, Energie, Aufmerksamkeit. Und jeden Tag zahlst du ein. Oder du zahlst drauf. Ganz automatisch. Nur… ohne Buchhaltung. Aber jetzt ändert sich das. Denn ab heute wirst du: Investor deiner Lebenszeit.

Frage 1: Worin investierst du gerade – und was bringt es dir?

Mach einen ehrlichen Blick auf dein aktuelles Portfolio:
Wo geht deine Zeit hin?

- 40% Arbeit, die dich leer macht
- 20% Social Media, das dich betäubt
- 10% Kontakte, die dich nicht sehen
- 15% Gedanken über Dinge, die du eh nicht ändern kannst
- 5% echte Freude
- 10% Selbstgespräche, in denen du dich klein machst

Autsch.

Und jetzt frage dich: „Würde ich dieses Portfolio jemandem empfehlen, den ich liebe?" Wenn die Antwort „Nein" ist – dann ändere es. **Jetzt.**

Frage 2: Was bringt dir echte Rendite?

Nicht in Euro. Nicht in Likes. Sondern in Gefühl, in Sinn, in Lebendigkeit.

Das sind deine High-Value-Investments:

☑ Zeit mit Menschen, bei denen du Du sein kannst

☑ Kreativität, die dich erfüllt

☑ Bewegung, die dich mit deinem Körper verbindet

☑ Ruhe, in der du dich wieder spürst

☑ Lernen, das dich wachsen lässt

☑ Stille Momente, in denen du erkennst, was wirklich zählt

Du brauchst kein neues Leben. Du brauchst eine neue Verteilung.

Wie du dein neues Portfolio aufstellst

1. Radikale Ehrlichkeit

- Schreib dir auf, was dich nährt – und was dich leert.
- Ohne Ausreden. Ohne "eigentlich".

2. Kategorisiere in drei Gruppen

- Investieren: Das bringt dir Energie.
- Kosten: Das saugt dich leer.
- Verzinst sich nicht mehr: Früher mal gut – jetzt vorbei.

3. Triff Entscheidungen

- Nicht aus Rebellion – aus Selbstachtung.

4. Baue dir einen festen Zeit-Safe ein

- Zeit nur für dich. Unverhandelbar.
- Das ist kein Luxus. Das ist deine Tankstelle

5. Wähle bewusst, was du täglich „kaufst"

- Frage dich mehrmals am Tag:

„Ist das ein Coin wert – oder nur Gewohnheit?"

Dein Leben ist kein Discounter-Regal.

Es ist eine Boutique. Und nicht jeder darf rein. Lerne, zu wählen. Nicht aus Angst, etwas zu verpassen – sondern aus Liebe zu dir selbst. Du bist nicht hier, um zu rennen. Du bist hier, um zu wählen. Weise. Wach. Wild.

Sie hatte es satt, sich selbst ans Ende der Liste zu setzen

Es war Mittwochabend. Der dritte in Folge, an dem sie das Abendessen kochte, die Wäsche sortierte, den Gruppenchat der Schulklasse durchscrollte und versuchte, mit einem Lächeln die Welt zusammenzuhalten. Um 21:47 Uhr fiel sie aufs Sofa. Der Fernseher lief. Ihr Mann zappte. Sie fühlte sich… nicht da. Wieder einmal nicht. Und dann kam dieser Moment: Ein Werbespot. Irgendein Spruch. Irgendetwas in der Musik. Und sie spürte plötzlich:

„Ich bin in einem Leben, das ich nie bewusst gewählt habe."

Sie stand auf. Ging in die Küche. Holte einen Zettel. Und schrieb:

🔲 Was mir Energie gibt:

– Schreiben / Lesen

– Spaziergänge/ Sport

– Musik

– Gespräche ohne Maske

– Zeit mit Menschen, die mich sehen

⬛ Was mich leert:

– Ständige Verfügbarkeit

– WhatsApp-Gruppen

– Erwartungen, die nicht meine sind

– Dieses ständige „nur noch kurz"

Dann schrieb sie in Großbuchstaben:

„Ich bin kein Restposten im Leben anderer."

Am nächsten Tag sagte sie zum ersten Mal seit Jahren: „Ich kann heute nicht. Ich hab Zeit für mich eingeplant." Nicht als Entschuldigung. Sondern als Statement. Und das war der Moment, an dem sie begann, neu zu investieren. In sich. In ihre Wahrheit. In echtes Leben.

Er war dabei, den nächsten Auftrag zu bestätigen – und stoppte

Es war spät. Laptop aufgeklappt. Der Mailentwurf offen: „Ja, ich übernehme das Projekt. Start ab Montag." Er hatte gezögert. Aber das Geld war gut. Und wer wäre er, Nein zu sagen? Doch während er las, kam plötzlich dieses Bild: Seine Tochter, beim letzten Abendessen. Wie sie sagte:

„Du arbeitest echt viel, Papa. Manchmal denke ich, du wohnst im Büro." Der Satz traf ihn jetzt, mitten in der Nacht. Und statt auf „Senden" zu klicken, legte er die Hände auf die Tastatur – und tippte: **„Danke für das Angebot. Nach reiflicher Überlegung muss ich ablehnen. Ich habe entschieden, meine Zeit in etwas zu investieren, das keine Rechnung stellt – aber unbezahlbar ist: mein Kind."**

Er drückte „Senden". Schloss den Laptop. Und ging zu seiner Tochter. Sie schlief. Er setzte sich an ihr Bett. Und flüsterte: „Ab heute bekommst du nicht nur meine Liebe. Du bekommst auch meine Zeit." Es war das teuerste Projekt, das er je abgelehnt hatte – und die wertvollste Entscheidung seines Lebens.

Kapitel 12 – ZeitReich leben

Was wäre, wenn du reich wärst? Nicht auf dem Konto. Sondern in deinem Herzen. Was wäre, wenn du morgens aufwachst – und dein erster Gedanke ist nicht „Ich muss…", sondern: „Ich darf erleben." Nicht mehr durchhetzen. Nicht mehr abarbeiten. Sondern gestalten, empfangen, genießen. ZeitReich leben heißt nicht, dass du mehr hast. Es heißt, dass du anders bist. Bewusster. Klarer. Innerlich frei.

ZeitReichtum beginnt mit einem Entschluss

Du wirst nicht "irgendwann" reich an Zeit. Du wirst es, wenn du beginnst, dich selbst wieder wertzuschätzen. Wenn du erkennst, dass du nicht auf später warten musst. Dass dein Glück nicht im Ruhestand liegt, sondern im Ruf des JETZT. Wenn du Ja sagst – zu den Dingen, die dich wirklich nähren. Und Nein – zu allem, was dich nur aufhält.

ZeitReich leben ist eine Haltung

Es bedeutet:
- Langsamer zu gehen, um mehr zu sehen.
- Tiefer zu atmen, statt höher zu stapeln.
- Echter zu sprechen, statt höflich zu lügen.
- Weicher zu lieben, statt härter zu kämpfen.

Es ist ein inneres Vermögen. Ein Reichtum, den niemand dir nehmen kann – weil du ihn selbst erschaffst.

Du bist kein Konsument deiner Zeit.

Du bist ihr Designer. Jede Stunde, die du bewusst lebst, vermehrt sich.

Nicht auf der Uhr – aber in deinem Erleben. Wenn du ZeitReich lebst, fragst du nicht mehr: „Wie lange dauert das?" Sondern: Wie tief berührt es mich?" Du bist nicht mehr getrieben. Du bist geführt. Von innen. Von deinem Coin-Kompass.

Was heißt das konkret?

- Du entscheidest täglich, wen und was du in dein Feld lässt.
- Du erschaffst Räume, in denen du auftanken kannst.
- Du gibst deiner Seele einen Platz im Kalender.
- Du investierst in Liebe, Berührung, Kreativität, Stille, Natur, Tiefe.
- Du erkennst: Nicht alles muss, vieles darf und manches darf gehen.

ZeitReich ist kein Zustand. Es ist ein Weg. Und du gehst ihn mit jedem bewussten Coin, den du dir selbst schenkst.

Denkst Du vielleicht gerade: „Ja schön geschrieben… aber ich habe doch Familie, Job, Verpflichtungen, Rechnungen, Verantwortung! Ich kann doch nicht einfach alles anders machen…" Und genau deshalb keine Träumerei mehr – sondern Wahrheit. Klarheit. Machbarkeit.

Zwischenruf für alle Kopfmenschen: „Schön und gut – aber was soll ich konkret tun?"

Vielleicht sitzt du gerade da und denkst: „Klingt alles stark. Aber mein Leben ist nun mal kein Wunschkonzert. Ich habe Kinder, Termine, Verpflichtungen. Ich kann nicht einfach aussteigen. Ich bin nicht Katja Schlottke. Ich hab keine Pause-Taste." Und weißt du was? Ich versteh dich. Du willst nicht einfach inspiriert werden – du willst wissen: Was kann ich tun, mit dem Leben, das ich habe?

Also hier kommt die Wahrheit:

Du musst nicht alles ändern. Du musst anfangen, dich selbst wieder ernst zu nehmen. Das Leben verlangt nicht, dass du aussteigst. Es bittet dich nur, wieder einzusteigen – in dich. Niemand sagt, dass du deinen Job kündigen musst. Oder deine Familie verlässt. Oder in den Wald ziehst und singende Kristalle züchtest. Es geht nicht um radikale Brüche. Es geht um radikale Ehrlichkeit.

Drei einfache Dinge, die du ab sofort tun kannst:

1. Setz dich jeden Tag für 5 Minuten hin – ohne Handy, ohne Input. Nur du. Kein Podcast. Kein Scrollen. Keine To-do-Liste. Nur atmen, beobachten, fragen: „Wie geht's mir gerade – und was fehlt mir?" Kostet dich nichts. Schenkt dir alles.

2. Sag jeden Tag EINMAL bewusst Nein. Zu etwas, das dich stresst, obwohl du es gar nicht willst. Ein unnötiger Anruf, ein Treffen, eine Aufgabe, die nicht dringend ist. Ein Nein zu etwas – ist ein Ja zu dir. Du wirst merken: Die Welt geht nicht unter. Aber du fängst an, dich wieder zu spüren.

3. Hol dir einen 15-Minuten-Zeit-Safe. Jeden Tag. Schreib. Lies. Spazieren gehen. Musik. Stille. Malen. Nachdenken. Sport treiben...Was auch immer dich zurückholt. Kein Luxus. Die Pflicht - an dich.

Du hast vielleicht kein ganzes freies Wochenende. Aber du hast diesen Tag. Diese Stunde. Diese Viertelstunde.

Und wenn du dir keine 15 Minuten am Tag wert bist – wie willst du je sagen, dass du dein Leben lebst?

Du musst nicht „alles anders" machen.

Du musst nur anfangen, **nicht mehr alles gegen dich zu machen.** Ja, Verpflichtungen hast du. Aber du bist nicht verpflichtet, dich selbst aufzugeben. Und ja – ich schreibe gut. Aber ich schreibe das hier nicht, weil es schön klingt. Sondern weil es mein Leben verändert hat – und deins auch verändern kann. Du musst nicht „frei" sein, um zu starten. **Du musst bereit sein.** Und das...bist du jetzt.

„Es geht. Auch für dich. Nicht irgendwann. Jetzt."

Zwischen Jetzt und Ewigkeit

Die tiefe Sehnsucht, mehr zu sein als nur ein funktionierender Mensch.

Kapitel 13 – Die Seele geht nicht online, sie geht in Resonanz

Wir leben in einer Zeit, in der du jederzeit erreichbar bist – aber oft unerreichbar für dich selbst. Du hast WLAN. Bluetooth. LTE. Aber die Verbindung zu deinem inneren Kompass? Abgebrochen. Nicht aus Böswilligkeit. Sondern aus Gewohnheit. Denn du wurdest erzogen, zu denken. Zu analysieren. Zu organisieren. Manchmal sogar nur zu funktionieren. Aber nicht zu fühlen.

Und jetzt sag ich dir was:
Deine Seele will keinen Plan. Sie will Präsenz. Sie will Berührung, Wahrheit, Tiefe, Echtheit. Sie geht nicht online. Sie geht in Resonanz.

Wann hast du das letzte Mal gespürt, dass du verbunden bist?

Nicht mit deinem Kalender. Nicht mit dem WLAN. Mit dir. Mit etwas Höherem. Vielleicht war's ein Moment in der Natur. Ein Blick in die Augen deines Kindes. Ein Sonnenstrahl auf deiner Haut, der dir sagte: „Du bist lebendig." Das war kein Zufall. Das war Seelenkontakt.

Die Seele spricht nicht laut.

Sie flüstert. Wenn du sie ignorierst, wird sie leiser. Wenn du sie länger ignorierst, wird sie krank. Nicht immer körperlich – aber emotional. Energetisch. Innerlich. Und irgendwann… funktionierst du nur noch. Aber heute – mit diesem Kapitel – beginnt die Rückverbindung.

Du musst keine Religion haben. Keine Räucherstäbchen, keine Klangschale. Du brauchst nur die Bereitschaft, wieder zu lauschen.

Du bist viel mehr als dein Alltag

Du bist nicht hier, um nur zu schaffen. Du bist hier, um zu spüren. Zu erinnern. Zu wecken. Zu sein. Du bist hier, um dein inneres Feuer zu leben. Und nicht nur, um die Heizung zu bezahlen.

Der Moment, in dem die Zeit stillstand

Es war so ein Moment, der sich nicht ankündigt. Kein Drama. Kein Knall. Nur ein Augenblick zwischen zwei Atemzügen. Ein Park. Ein Lichtstrahl. Ein Windhauch, der wie eine zarte Hand durchs Gesicht streichelte. Und plötzlich…war da nichts mehr. Keine Gedanken. Kein Lärm. Nur Stille. Und ein Herz, das sich erinnert. Die Frau blieb stehen. Der Mann hob den Blick. Das Kind schwieg. Und alle spürten für einen winzigen Moment: "**Ich bin. Ich lebe. Ich bin verbunden.**"
Kein Beweis. Kein Konzept. Kein Beweisfoto. Aber es war da.
Echt. Groß. Unfassbar friedlich.
Und in dieser Sekunde wussten sie: Das Leben ist nicht das, was sie planen. Es ist das, was sie fühlen, wenn sie endlich still genug sind, um es zu spüren. Und dann… ging alles weiter. Der Park. Die Stimmen. Der Alltag. Aber etwas in ihnen war aufgewacht. **Und das geht nicht mehr schlafen.**

Sie hörte plötzlich ihr Herz wieder

Sie war allein zu Hause. Selten. Fast nie. Die Kinder bei Oma. Ihr Mann beim Fußball. Und sie? Zum ersten Mal seit Monaten kein Geräusch, keine Frage, kein Muss. Sie stand in der Küche. Ein Tee in der Hand. Und dann ging sie einfach los – barfuß – raus auf den Balkon. Nur ein dünner Pulli. Draußen war es kühl, fast schon herbstlich. Sie lehnte sich ans Geländer. Und plötzlich passierte es: Sie hörte ihr Herz. Nicht medizinisch. Emotional. Ein dumpfes, warmes „Ich bin noch da." Und in ihr wurde es weich. Nicht traurig. Nicht euphorisch. Einfach... weich. Sie sah die Bäume. Den Himmel. Ihre eigenen Hände. Und dachte zum ersten Mal seit Jahren nicht an das, was sie tun muss – sondern an das, was sie vermisst. „Ich will wieder fühlen. Ich will wieder tanzen. Ich will wieder ich sein." Sie weinte. Nicht laut. Ein paar Tränen, die ihre Seele freigaben – wie ein innerer Tau.

An diesem Abend schrieb sie zum ersten Mal wieder in ihr Tagebuch. Kein Drama. Kein Plan. Kein Ziel. Nur zwei Sätze:

„Ich bin wieder hier. Und ich bleib jetzt."

Der Moment, in dem er sich selbst nicht mehr ausweichen konnte

Er saß im Auto. Motor aus. Parkplatz vor dem Baumarkt. Er hatte Schrauben kaufen wollen. Nichts Besonderes.

Aber da saß er jetzt. Still. Hände auf dem Lenkrad. Stirn an die Scheibe gelehnt. Und wusste nicht, warum er nicht ausstieg. Die Welt drehte sich draußen weiter. Leute rannten mit Einkaufsliste durch den Regen. Aber in ihm war etwas stehen geblieben. Eine Frage. Ein Satz, der plötzlich in seinem Kopf auftauchte – ohne Einladung, ohne Vorwarnung: „War's das? Oder hab ich noch was vergessen – Ja, aber was ....?"

Er hatte Karriere gemacht. Ein Haus gebaut. Zwei Kinder. Respekt. Ordnung. Verlässlichkeit. Aber jetzt, mit 48 Jahren, im Auto vor dem Baumarkt…fühlte er sich wie ein gut geführtes Projekt – nur eben ohne echte Verbindung. Er weinte nicht. Er schrie nicht. Aber er atmete tief. So tief wie schon lange nicht mehr. Dann lehnte er sich zurück. Und sagte laut, zum ersten Mal in seinem Leben – nur für sich: „Ich will nicht nur für andere da sein. Ich will mich auch wieder fühlen." Er fuhr nach Hause. Ohne Schrauben. Aber mit einem ersten, echten Gedanken an sich selbst.

Und er wusste: Heute hat etwas begonnen. Kein Umbruch.
Ein Aufbruch.

Innehalten – ein Moment nur für dich

Lies diese Zeilen nicht schnell. Lies sie, als wären sie für dich geschrieben. Denn das sind sie. Lehn dich kurz zurück. Lass die Schultern sinken. Atme. Nur ein einziges Mal ganz bewusst. Und jetzt stell dir diese eine Frage – leise, ehrlich, ohne Bewertung: **„Wo in meinem Leben bin ich gerade anwesend – und wo bin ich nur noch am Abliefern?"**
Schließ kurz die Augen. Warte nicht auf eine Antwort. Spür einfach. Was meldet sich zuerst? Vielleicht eine Erinnerung. Ein Gesicht. Eine Lücke. Ein Wunsch. Ein Satz. Was auch immer kommt – nimm es ernst, nimm es wahr.

Impuls: Schreib dich zurück zu dir

Nimm dir einen Zettel. Und beende diesen Satz – ehrlich, spontan, intuitiv: "Wenn ich könnte, wie ich wollte, würde ich..." und „Ich vermisse an mir…"
Schreib. Nicht denken. Schreib einfach, was raus will. Vielleicht kommen Tränen. Vielleicht kommt nichts. Beides ist okay. Aber dieser eine Satz ist wie ein Schalter: Er bringt dich zurück in Verbindung.

Übung: Das kleine Lebenszeit-Investment

Nimm dir heute – oder spätestens morgen – 15 Minuten. Stelle dir einen Timer. Und erlaube dir in diesen 15 Minuten nur eins zu tun: Etwas, das dich nährt. Nicht „produktiv". Nicht „sinnvoll". Nicht „für andere". Sondern für dich. Nur für dich.

Einen Song hören, der dich tief berührt Barfuß auf dem Balkon stehen, schreiben, lesen, einfach still sitzen – ohne Ablenkung, malen, weinen, summen, lachen, ein Bad nehmen - ohne Ablenkung...

Und wenn du danach denkst: „Dafür hab ich doch keine Zeit" – dann lies den Titel dieses Buches nochmal. Und dann: Entscheide neu. Du bist nicht hier, um dich zu verlieren. Du bist hier, um dich zu erinnern. Und dich zurück zu-lieben.

Kapitel 14 – Zwischen Jetzt und Ewigkeit

Wir leben, als gäbe es nur das Hier und Jetzt. Und gleichzeitig leben wir, als gäbe es immer ein Später. Aber irgendwo zwischen diesen beiden Extremen liegt ein Raum, den wir fast vergessen haben: Der Raum der Seele. Der Ort in uns, der nicht in Uhrzeit denkt. Der Teil, der genau weiß: „Du bist nicht nur dieser Körper. Du bist Bewusstsein. Bewegung. Geschichte."

Was, wenn du mehr bist?

Was, wenn du nicht nur hier und heute bist – sondern Teil von etwas viel Größerem? Was, wenn du eine Seele bist, die gerade ein Mensch ist – nicht ein Mensch, der vielleicht eine Seele hat?

Dann würdest du dein Leben nicht mehr mit To-do-Listen messen. Sondern mit:

- Wie tief du geliebt hast.
- Wie ehrlich du gelacht hast.
- Wie mutig du warst, du selbst zu sein.
- Wie oft du dich getraut hast, zu fühlen, statt zu flüchten.

Ewigkeit ist kein Ort – sie ist eine Erinnerung

Kennst du das? Diese Momente, in denen du spürst, dass du verbunden bist mit allem – ohne es erklären zu können?

- Der Wind auf deiner Haut, der sich anfühlt wie ein Gruß.
- Der Blick eines Menschen, der durch dich hindurch in deine Essenz schaut.
- Der Moment, in dem alles still wird – und du weißt:

„Ich bin nicht verloren. Ich bin gehalten."

Das ist Ewigkeit. Nicht später. Nicht nach dem Tod. Jetzt.

Wenn du still wirst. Wenn du da bist. Wenn du dich erinnerst.

Und was bleibt dann zu tun?

Nichts. Und gleichzeitig alles. Denn wenn du das erkennst – dass du mehr bist als nur Alltag, dann wirst du dich anders bewegen. Bewusster. Weicher. Klarer. Echter.

Du wirst anfangen, Menschen anzusehen, nicht nur anzusprechen. Du wirst langsamer laufen – und mehr wahrnehmen. Du wirst verstehen:

Zeit ist vergänglich. Aber wie du liebst – das ist für immer.

Ewigkeit beginnt nicht nach dem Tod. Sie beginnt in dem Moment, in dem du aufhörst, dich selbst zu vergessen.

„Es gibt mehr als Termine. Mehr als Rollen. Mehr als Zeit."

Sie lag auf der Wiese und spürte plötzlich: Ich bin mehr

Es war ein Abend wie viele. Stressiger Tag, viel zu viel geredet, zu wenig geschlafen. Sie wollte nur noch raus. Also ging sie in den Park. Ohne Plan. Ohne Ziel. Sie ließ sich auf die Wiese fallen, blickte in den Himmel – und da war er: Dieser Moment. Der Himmel war weit. Die Wolken bewegten sich langsam. Vögel flogen. Menschen gingen. Und sie – lag einfach nur da. Still. Da. Echt. Kein Gedanke. Keine Sorgen. Nur ein Gefühl in der Brust, warm, weit, lebendig: „Ich bin ein Teil von etwas, das ich nie sehe – aber immer spüren kann." Sie wusste nicht, wie sie es nennen sollte. Gott? Universum? Seele? Aber sie wusste: Es ist da. Und ich bin verbunden. Und zum ersten Mal seit langer Zeit war sie nicht allein in sich selbst. Sie lächelte. Nicht nur aus Freude. Sondern vor allem aus Erkenntnis. Und sie ging nach Hause – nicht als die Frau, die noch alles erledigen muss. Sondern als die Frau, die wieder weiß, dass sie lebt.

Er schaute in die Augen seines Sohnes – und wusste es plötzlich

Er war ein rationaler Typ. Ingenieur. Strukturiert. Klar. Kein spiritueller Schnickschnack. Aber an diesem Abend, als er seinem Sohn die Gute-Nacht-Geschichte vorlas, was sehr selten vorkam und der kleine Junge ihn einfach nur ansah – so offen, so vertrauensvoll, so echt – da war er plötzlich ganz still. Der Raum war ruhig. Nur das Atmen seines Sohnes, sein eigener Herzschlag und dieser Gedanke: **„Da. Genau da. Das ist Ewigkeit."**

Nicht in Zahlen. Nicht in Argumenten. Nicht in Plänen. In diesem Blick. In diesem Moment. In dieser Verbundenheit. Er blieb noch sitzen, lange nachdem sein Sohn eingeschlafen war. Nicht aus Sorge. Aus Ehrfurcht. Er wusste: „Ich bin mehr als das, was ich verstehe. Und das reicht vollkommen aus."

„Ich will mich wieder spüren. Jetzt. Nicht später. Nicht irgendwann."

„Das Leben findet jetzt statt – wir proben nicht für die Premiere."

Impuls – Kein Probelauf

Lies das hier bitte nicht mit halbem Herzen. Lies es, als würde dir jemand gegenüber sitzen, der dich liebevoll anschaut und sagt: „Hey… das hier ist kein Testlauf. Das ist dein Leben. Und es ist jetzt." Du hast Rechnungen zu zahlen. Pflichten. Termine. Kinder. Konflikte. Ich weiß. Wir alle haben sie. Aber genau deshalb ist es so wichtig, dass du dich nicht selbst verlierst, während du versuchst, allem gerecht zu werden. Denn es gibt einen, der dich braucht. Dringender als alle anderen. **Dich.**

Reflexion – Der ehrlichste Selbst-Check

Atme. Lies die folgenden Fragen langsam. Und spür, wo dein Körper, deine Seele, dein Herz reagiert:

- Wenn ich morgen nicht mehr aufwachen würde – was würde mir am meisten leidtun, NICHT getan oder gelebt zu haben?
- Wann habe ich das letzte Mal gespürt, dass ich wirklich „Ich" bin – nicht Mutter, Vater, Partner, Angestellter, Kumpel, Freundin… sondern ICH?
- Wem oder was schenke ich regelmäßig meine Zeit - obwohl ich weiß, dass es mich eigentlich leer macht?
- Was in meinem Alltag ist Pflicht – und was ist lebendige Wahl?
- Was würde ich tun, wenn ich mir selbst das Recht gäbe, wieder wichtig zu sein?

Schreib keine perfekten Antworten. Schreib ehrliche. Vielleicht nur Stichworte. Vielleicht fließen Tränen. Vielleicht huscht ein Lächeln über dein Gesicht. Aber tue es. Weil du wichtig bist. Weil dein Leben jetzt stattfindet. Nicht in der Theorie. Nicht „wenn alles passt". Jetzt. Mit allem.

Kapitel 15 – Der innere Ruf

Es gibt da etwas in dir. Etwas, das nie laut schreit. Nie drängelt. Nie klagt. Aber niemals aufhört zu rufen. Manchmal hörst du es in der Stille. Manchmal im Lachen deines Kindes. Manchmal in der Müdigkeit, die sich nicht durch Schlaf lösen lässt. Und manchmal in der Leere, die plötzlich da ist – mitten im vollen Leben. Dieser Ruf…ist kein Jobangebot. Kein Schicksalsbrief mit goldener Schrift. Er ist viel leiser. Und viel kraftvoller. Er fragt dich nicht, was du tun musst. Er fragt dich, wer du eigentlich bist.

Was ist dieser Ruf?

Manche nennen es Berufung. Andere sagen: Intuition. Seele. Bestimmung. Egal wie du ihn nennst – er ist das, was in dir ruft, wenn du lebst, als wärst du jemand anderes. Du spürst ihn nicht, wenn du dich leer arbeitest für ein Ziel, das dich nicht nährt. Wenn du Erfolg hast – und trotzdem unglücklich bist.

Wenn du nachts wach liegst und dich fragst: „War das jetzt alles?" Dann meldet er sich. Nicht, um dich zu stören. Sondern, um dich zurückzurufen.

Der innere Ruf ist unbequem

Er passt nicht in Zeitpläne. Er interessiert sich nicht für deine Komfortzone. Und er lässt sich nicht auf später verschieben. Denn er ist nicht nett. Er ist ehrlich.

Und seine Fragen sind keine Smalltalk-Fragen:

- „Lebst du – oder funktionierst du?"
- „Tust du, was du wirklich willst – oder was man von dir erwartet?"
- „Wer wärst du, wenn du niemandem gefallen müsstest?"

Und die Größte von allen: **„Warum bist du** (eigentlich) **hier?"**

Der Ruf ist nie zu spät

Vielleicht bist du 33. Vielleicht 49. Vielleicht 61. Vielleicht jünger oder älter...Der Ruf kennt keine Altersgrenze. Keinen perfekten Moment. Keine perfekte Biografie. Er will nur eines: Dass du endlich zuhörst. Und dass du nicht mehr gegen dich arbeitest – sondern mit dir. Für dich. Durch dich. Denn das ist der Punkt, an dem sich dein Leben nicht mehr nur bewegt – sondern bedeutet.

Der Tag, an dem sie zum ersten Mal wirklich hinhörte

Sie ist 43. Verheiratet, zwei Kinder, gutes Leben – wie man so sagt. Sie lachte, wenn man lachte. Funktionierte, wenn man funktionierte. Aber da war etwas. Schon lange. Ein leiser Wunsch, den sie immer wieder zurückgeschoben hatte – wie ein Lied, das man nicht hören will, weil man weiß, **dass es etwas in einem aufreißt.**

Es war dieser Moment an einem Dienstag. Sie stand im Büroflur. Kaffee in der Hand. Blick aus dem Fenster. Nichts Besonderes. Und plötzlich…Spürte sie's. Nicht laut. Nicht als Vision. Nur wie ein inneres Bild. Sie sah sich selbst – mit Farbe an den Händen. In einer kleinen Werkstatt. Musik. Licht. Freiheit. Und ihr Herz pochte so laut, als hätte es gerade das erste Mal geschlagen. *„Ich will wieder schaffen.* Etwas mit meinen Händen. *"Ich will spüren, dass etwas von mir bleibt."* Sie schüttelte kurz den Kopf. „Quatsch. Das geht nicht. Ich hab doch…" Aber der Gedanke ließ sie nicht mehr los. Und das war der Moment. Nicht, an dem sie alles hinschmiss. Aber an dem sie zuhörte. Zum ersten Mal. Ohne abzuwiegeln. Ohne zu argumentieren. Nur mit offenem Herzen. Und das reichte, um eine neue Richtung entstehen zu lassen. Nicht morgen. Nicht sofort. Aber ab jetzt.

Übung – Das innere Flüstern aufschreiben

Nimm dir einen ruhigen Moment. Stell dir vor, du sitzt mit deiner Seele an einem Tisch. Kein Smalltalk. Keine Maske. Nur du – und dein innerer Ruf. Und dann beende folgende Sätze. Nicht logisch. Nicht perfekt. Spürend.

- "Ich weiß schon lange, dass ich..."
- "Wenn ich ehrlich bin, träume ich manchmal davon..."
- "Mein Alltag macht mich müde, weil ich nicht mehr..."
- "Was ich schon ewig nicht mehr getan habe, obwohl ich es liebe..."

Du musst nichts tun damit. Du musst es nur sehen. Erkennen. Wertschätzen. Denn jede Wahrheit, die du ans Licht holst, hat bereits begonnen, sich zu bewegen.

Impuls – Der Ruf bleibt, bis du ihn lebst

Du kannst ihn überhören. Ignorieren. Zurecht-reden. Mit Vernunft zudecken. Aber er geht nicht weg. Weil er du bist. Er ist nicht hier, um dich zu stören. Er ist hier, um dich zurückzuholen. Und irgendwann wird dein Körper laut. Deine Seele müde. Dein Lachen leiser. Wenn du das spürst, ist es Zeit. Nicht für Drama. **Für Entscheidungen.**

Der Ruf kam, als niemand mehr zuhörte

Er ist 51. Verheiratet. Zwei fast erwachsene Kinder. Fester Job. Gutes Gehalt. Er wusste, wie man Verantwortung trägt. Was keiner wusste: Er war innerlich schon lange auf Stand-by. Nicht tot. Nicht lebendig. Irgendwo dazwischen. Er tat, was getan werden musste. Er war pünktlich. Zuverlässig. Unauffällig. Und müde. Immer müde. An diesem Abend fuhr er allein nach Hause. Das Radio aus. Nur der Regen auf der Windschutzscheibe – ein rhythmisches Prasseln wie eine Uhr, die ihn an etwas erinnern wollte. Er bog nicht ab zu seinem Haus. Er fuhr weiter. Einfach so. Keine Ahnung wohin. Und irgendwann stand er einfach da. Am Waldrand. Dunkel. Leise. Echt. Und plötzlich – war da ein Satz. Nicht laut. Nicht inszeniert.... „Ich wollte mal Musiker werden." Ein Gedanke. Ein Stich. Ein Echo. Er erinnerte sich. Er war 19.

An das kleine Mischpult. An seine Texte. An dieses Brennen in der Brust, das man nur einmal im Leben fühlt – wenn man noch nicht weiß, dass man es verlieren kann. Er lehnte sich an den Kofferraum. Schloss die Augen. Und flüsterte nur einen Satz: „Ich hab dich nicht vergessen." Es war nicht der Tag, an dem er alles hinschmiss. Es war der Abend, an dem er begann, sich selbst wieder wahrzunehmen.

Kapitel 16 – Der Preis des Vergessens

Du kannst dich lange selbst vergessen. Die Welt wird dich dafür feiern. Du bekommst Applaus für dein Durchhalten. Lob für dein Verantwortungsbewusstsein. Anerkennung für deine Opferbereitschaft. Und während alle klatschen, klopft etwas in dir an – ganz leise, ganz ehrlich: "Weißt du eigentlich noch, wer du bist?"

Sich selbst vergessen ist ein stiller Prozess

Es passiert nicht an einem Tag. Es ist kein großes Ereignis. Kein Unfall, kein Bruch. Es passiert leise. Im Alltag. In den kleinen Entscheidungen.

- Du sagst Ja, obwohl du Nein meinst.
- Du verschiebst deinen Traum auf „später".
- Du funktionierst, auch wenn du innerlich längst auf der Reserve lebst.

Und irgendwann…stehst du in deinem eigenen Leben und erkennst dich nicht mehr wieder.

Was kostet dich dieses Vergessen?

- Deine Lebendigkeit
- Dein echtes Lachen
- Deine Intuition
- Deinen Glanz in den Augen
- Deine innere Heimat

Manche merken es durch Erschöpfung. Andere durch Rückzug. Manche durch Krankheiten. Wieder andere erst dann, wenn sie sich selbst im Spiegel nicht mehr ansehen können – ohne sich zu fragen: „Wo bin ich eigentlich geblieben?"

Du zahlst mit deiner Seele – und bekommst dafür… nichts Echtes zurück

Keinen Dank. Keinen innerer Frieden. Kein Gefühl von "richtig". Nur das leere Echo von Pflicht, Leistung, Anpassung. Aber der Preis ist zu hoch. Denn am Ende fehlt dir das Kostbarste: Das Gefühl, dass du dein Leben wirklich gelebt hast.

Aber: Du kannst zurückkehren

Du musst nicht wissen, wie. Du musst nur merken, dass du weg warst. Das ist der Moment der Umkehr. Still. Mutig. Echt. Du brauchst keine Guru-Erleuchtung. Nur einen Satz: „Ich erkenne mich wieder – und ich höre auf, mich zu übergehen, mich zu belügen."

Und was passiert, wenn man plötzlich merkt:

„Ich bin aus meinem eigenen Leben ausgestiegen – und keiner hat's gemerkt."

Sie saß im Auto. Und wusste plötzlich nicht mehr, wohin sie wollte.

Der Tag war wie alle anderen. Arbeiten. Einkaufen. Kinder abholen. Essen vorbereiten. Sie war durchgetaktet. Alles funktionierte. Bis sie an der Ampel stand und ihr plötzlich nicht mehr einfiel, wo sie eigentlich hinwollte. Sie starrte geradeaus. Die Autos fuhren weiter. Sie blieb stehen. Blinker an. Warnleuchte. Herzflattern. Sie atmete. Und flüsterte – kaum hörbar: "Ich weiß nicht mehr, was ich will. Nicht jetzt. Nicht überhaupt." Das Navi blinkte. Der Bildschirm zeigte eine Route. Aber in ihr war kein Ziel. Kein Gefühl. Keine Richtung. Sie fuhr rechts ran. Lehnte sich zurück. Und ließ es zu: Die Leere. Die Müdigkeit. Das Gefühl, aus sich selbst gefallen zu sein. Und sie verstand: Das hier ist kein Burnout. Das ist ein Erinnerungsausfall meines echtes Ich's.

Er hörte sich selbst lachen – und spürte, dass es nicht echt war.

Bürofeier. Bierflaschen. Blöde Sprüche. Er lachte mit. Wie immer. Nicht zu laut, nicht zu leise. Gerade richtig, um „dabei" zu sein. Und plötzlich – mitten im Lachen – hörte er sich selbst. Und merkte: Das bin ich nicht. Das ist mein automatisches Ich. Er entschuldigte sich. Ging raus, stellte sich an die frische Luft. Hände in den Taschen. Blick auf den Asphalt. Und er dachte: „Ich hab mich irgendwo auf dem Weg verloren. Ich weiß nur noch, was von mir erwartet wird – aber nicht mehr, was ich wirklich bin." Er war nicht kaputt. Nicht am Ende. Aber innerlich abwesend. Und dieses Eingeständnis war sein erster Schritt zurück.

Impulse für Rückkehrer – aus dem inneren Exil

Impuls 1: Das Gespräch, das du nie geführt hast – mit dir
„Na du. Lange nicht gesehen."So beginnt es. Kein Vorwurf.
Kein Drama. Dein inneres Ich schaut dich an. Ein bisschen
müde. Ein bisschen erstaunt. Ein bisschen stolz, dass du dich
endlich wieder zeigst. „Weißt du noch, was du wolltest?"
fragt es. Und du willst schon antworten. Aber dann merkst du:
Du weißt es nicht mehr. Aber das ist okay. Weil du jetzt
zugehört hast. Und das ist mehr, als du seit Jahren getan hast.

Impuls 2: Erinnere dich an dich – in 30 Sekunden
Du sitzt irgendwo. Im Bus. Im Bad. Im Büro. Egal, wo du jetzt
bist...Frag dich nun spontan:
„Was hab ich als Kind stundenlang tun können, ohne auf die
Uhr zu schauen?" Jetzt: Schließ die Augen. Denk nicht. Spür.
Hast du's? Das bist du. Das war nie weg. Nur vergraben unter
Rechnungen, Rollen, Rücksicht, Angst. Und du darfst da
wieder hin. Nicht hauptberuflich. Aber wenigstens einmal am
Tag. Vorerst...

**Impuls 3: Das Leben als Bühne? Dann schreib die nächste
Szene selbst.**
Wenn dein Alltag ein Theaterstück wäre – würdest du in der
Pause rausgehen? Dann schreib das Skript um. Nicht das
Ganze. Nur die nächste Szene. Nicht: „Ich muss alles
verändern."

Sondern:

„Heute sage ich einmal Nein, wo ich sonst Ja gesagt hätte. Heute höre ich mir einmal zu. Heute tue ich eine einzige Sache nur für mich – und kein Schwein muss davon wissen."
Das ist keine Rebellion. Das ist Selbstachtung.

Impuls 4: Der kleine Altar der Wahrheit

Leg dir eine Ecke in deinem Zuhause an. Nur für dich. Eine Kerze. Ein Bild. Ein Zettel mit einem Satz, der dich erinnert:
„Ich bin noch da."
Mach das nicht für Instagram, Facebook oder TikTok. Mach's für dich. Weil dein Leben mehr ist als ein Kalender und ein Kaffeefleck. Und wenn du da sitzt – nur kurz – dann wird etwas flüstern: **„Danke, dass du zurückkommst."**

Innehalten – Ein Moment nur für dich

Lehn dich kurz zurück. Ja, jetzt. Nicht gleich. Nicht später. Jetzt.

Du hast gerade gelesen, gefühlt, vielleicht genickt, vielleicht geschluckt. Vielleicht auch gedacht: „Ja, das bin ich." Und deshalb: Lies jetzt nichts. Spür. Nur für ein paar Atemzüge. Wo in deinem Körper sitzt gerade ein Ja? Wo sitzt ein Nein? Was wäre, wenn du heute nichts mehr leisten müsstest – nur fühlen dürftest?

Optional – Schreib das hier auf:

- "Ich fühle mich gerade wie..."
- "Was ich mir wünsche, aber nie laut sage..."
- "Heute möchte ich mir selbst sagen..."

Und wenn du nur einen Satz mitnehmen willst:

„Ich bin nicht verloren – ich bin auf dem Rückweg."

So ein Innehalten ist wie eine kleine seelische Umarmung.
Eine Pause, die nicht leer ist – sondern voll mit dir.

Kapitel 17 – Rückkehr zum Wesentlichen

Sie wusste nicht mehr, wann es angefangen hatte. Vielleicht,
als das erste Kind kam. Vielleicht, als sie den sicheren Job
annahm. Oder als sie begann, immer erst zu fragen: „Was
brauchen die Anderen?" Was sie wusste: Irgendwann hatte sie
sich verloren. Aber jetzt war sie wach. Nicht plötzlich, nicht
laut. Sondern wie eine Tür, die leise ins Schloss fällt – und du
merkst: Ich bin wieder drin.

Er stand im Garten. Die Sonne war tief. In der Luft lag dieser
Geruch von feuchtem Gras und beginnender Abendruhe. Er
hatte den ganzen Tag gearbeitet, aber zum ersten Mal nicht,
um zu flüchten. Er arbeitete, weil er spüren wollte, dass er da
war. Weil ihn das leere Wochenende auf der Couch mehr
erschöpfte als die müden Muskeln nach ehrlichem Tun. Er
streckte sich. Sah zum Himmel. Und dachte nur: „Es ist nicht
viel – aber es ist echt. Und das reicht mir."

Was bleibt, wenn du zurückkommst?

Nicht viel. Und das ist das Beste daran.
- Die Stimmen in deinem Kopf werden leiser.
- Die Listen kürzer.
- Die To-do's kleiner.
- Der Blick klarer.

Du brauchst keinen 5-Jahres-Plan. Du brauchst keine 14 Schritte zur Selbstverwirklichung. Du brauchst nur den Mut, wieder zu fühlen: Was ist meins? Was war nur aufgesetzt? Was bleibt – wenn ich nichts mehr leisten muss?

Das Wesentliche ist unspektakulär.

Es trägt keine Titel. Es macht keinen Lärm. Aber es schenkt dir das, wonach du gesucht hast, während du durch Termine gehetzt bist: Ruhe. Sinn. Tiefe. Wahrheit.

Es ist das Lächeln deines Kindes, wenn du wirklich hinhörst. Es ist der Moment, wenn du morgens die Augen aufschlägst und nicht direkt flüchten willst. Es ist der Blick in den Spiegel, bei dem du nicht wegsiehst. Das ist Rückkehr. Nicht spektakulär. Aber heilig.

Die Rückkehr zum Wesentlichen – im echten Leben.

Sie stand im Drogeriemarkt und kaufte sich selbst zurück

Es war Montag. Sie hatte nur kurz Windeln holen wollen. Und Duschgel. Vielleicht noch ein neuer Lippenstift. Etwas „für später", wie immer. Aber dann blieb sie stehen. Regal 5. Badezusätze. Da war dieser eine Duft – Lavendel, Vanille, irgendwas Warmes. Und plötzlich schossen ihr Tränen in die Augen. Nicht, weil etwas passiert war. Sondern weil sie sich um ersten Mal seit Monaten fragte: *„Wann hab ich mich das letzte Mal um mich gekümmert – nicht funktional, sondern liebevoll?"*

Sie griff nach dem Badeöl. Und dann – nach einem Notizbuch. Ohne zu wissen, wofür. Sie zahlte. Setzte sich im Auto nicht sofort in Bewegung. Sondern schrieb. Ein Satz. Ein Impuls.

Ein Anfang: „Ich will wieder in meinem eigenen Leben vorkommen."

Er fuhr mit dem Rad und spürte zum ersten Mal wieder Wind im Gesicht – nicht Druck im Nacken

Er hatte den ganzen Tag damit verbracht, sich selbst zu überholen. To-dos, Telefonate, Termine. Alles lief. Alles funktionierte. Aber irgendwann – gegen 18:12 Uhr – stieg er aufs Fahrrad. Einfach so. Kein Sportziel. Keine Strecke. Er fuhr los. Durch kleine Straßen, Feldwege, ein Stück Wald. Und da war er: **der Wind.** Nicht kühl. Nicht laut. Einfach da. Im Gesicht. Auf der Stirn. In der Seele. Und er lachte. Leise. Frei. Weil er plötzlich wusste: „Ich bin kein Projekt. Ich bin ein Mensch. Und der darf atmen." Er fuhr noch eine halbe Stunde, als hätte er damit ein verlorenes Stück Leben eingesammelt. Zuhause sagte er nichts. Aber er wusste: Ab jetzt wird öfter gefahren. Nicht weg – sondern zurück.

Kurzer Impuls – Manchmal ist das Wesentliche ganz still

Du suchst nach deinem Leben? Nach deiner Mitte? Nach deinem „Wofür"? Dann fang nicht an zu rennen. Fang an zu bleiben. Jetzt und in dem Moment. Denn das Wesentliche klopft nicht laut. Es wirft sich dir nicht in den Weg. Es steht nicht mit einem Leuchtschild im Garten. Es flüstert. Es wartet. Es sitzt vielleicht gerade jetzt still in dir und hofft, dass du endlich kurz innehältst. Manchmal zeigt sich das Leben nicht, wenn du es suchst – sondern **wenn du aufhörst, dich zu überholen.**

Und du wirst sehen: Wenn du beginnst, wieder zu sehen, zu spüren, zu atmen, wirst du es entdecken. Das Wesentliche. Es war nie weg. Du warst nur unterwegs.

Reflexion – Zurück zu mir

Spür kurz in dich hinein. Nicht bewerten. Nur spüren. Und dann beantworte – schriftlich oder nur in Gedanken – die folgenden drei Fragen:

1. Woran merke ich, dass ich gerade im Wesentlichen bin? (Ein Gefühl. Ein Blick. Eine Geste.)
2. Was in meinem Leben fühlt sich nach „Zuviel" an – und was nach „Genau richtig"?
3. Wenn ich heute eine Kleinigkeit tun würde, um mir selbst näher zu kommen – was wäre das?

Und wenn du magst, nimm diesen Satz mit in deinen Tag:
„Ich bin auf dem Rückweg zu mir – und das ist das Wertvollste, was ich jemals tun kann."

„Du darfst. Jetzt. Du bist gemeint."

Kapitel 18 – Und jetzt?

Da bist du also. Mitten in deinem Buch. Mitten in dir. Du hast gelesen, gespürt, vielleicht gelacht, vielleicht geweint. Du hast dich erinnert. Dich entdeckt. Dich vielleicht zum ersten Mal wirklich gemeint gefühlt. Und jetzt? Jetzt kommt die gefährlichste Stelle im ganzen Buch. Der Moment, in dem du wieder abtauchen könntest. Zurück in den Alltag. In die Ablenkung. In das „Ich schau's mir später nochmal an."

Aber:

Später ist eine Illusion. Jetzt ist echt.

Du musst nicht dein ganzes Leben auf den Kopf stellen

Aber du darfst dich nicht mehr übergehen. „Und jetzt?" heißt nicht: „Mach alles anders."

Sondern:

„Mach Eines bewusster." Du musst nicht kündigen. Nicht auswandern. Nicht den Himalaya bereisen. Aber natürlich kannst du, wenn du es schon immer vorhattest. Dann fange zu mindestens jetzt an, das zu planen und vorzubereiten.

Aber vielleicht…

- heute einen klaren Satz sagen, den du sonst geschluckt hättest.
- heute nicht antworten, wenn du nicht willst.
- heute ein Lied hören, das dich zurück in dein echtes Leben bringt.
- heute fünf Minuten barfuß am Balkon stehen und sagen:

„Ich bin da. Ich hab's nicht vergessen. Ich fang jetzt an."

Und jetzt?

Jetzt beginnt der Teil, den kein Buch, kein Coach - niemand dir abnehmen kann. Deine Entscheidung. Dein Mini-Schritt. Dein Coin – für dich gesetzt. Nicht für den Applaus. Nicht für den Effekt. Sondern für dieses Gefühl: „Ich bin mir heute einen Schritt näher gekommen."

Und glaub mir: Wenn du das einmal gespürt hast, willst du nie wieder zurück in die Leere.

Der Anfang ist nicht spektakulär

Aber er ist heilig. Denn du entscheidest dich für das, was du so lange vermisst hast: **Dich.**

Und jetzt?

Es war Samstag. Vormittag. Er hatte wie immer den Einkaufszettel im Kopf, den Müll rausgebracht, den Rasenmäher aus dem Schuppen geholt. Sie hatte wie immer die Waschmaschine gefüttert, die Kinder bespaßt, den Wäschekorb durch die Wohnung jongliert. Und doch war heute etwas anders. Nicht sichtbar. Nicht laut. Nur ein Gefühl – wie ein warmer Luftzug durch eine Tür, die ganz leise offen steht. Er stellte den Rasenmäher ab. Mitten im Schnitt. Ein Streifen ungemäht. Ein Streifen gemacht. Er stand da. Und dachte nichts. Und das war das Besondere. Er dachte Nichts. Nur: **„Ich will das jetzt nicht. Nicht heute. Nicht mehr so."** Er ließ den Griff los. Schob das Ding in die Garage. Ging rein. Zog die Schuhe aus. Setzte sich an den Küchentisch. Sie kam aus dem Bad. Hatte noch einen Korb Wäsche in der Hand. Blieb stehen.

Er sah sie an. Ehrlich. Weich. Wach.

„Lass uns rausfahren. Jetzt. Irgendwohin. Ohne Plan."

Sie war kurz still. Dann lächelte sie. Stellte den Korb ab. Und nickte. **Kein großes Gespräch. Kein Widerstand. Nur ein stilles Ja.**

Sie fuhren ans Wasser. Ein See. Ein Steg. Zwei belegte Brötchen. Kein Instagram-Moment. Nur Leben. Und als sie nebeneinander im Gras lagen, die Sonne durchs Blattwerk blinzelte und ein Lachen kam – von innen, aus keinem Grund – wussten beide: „Das war der Moment, an dem alles begann. Nicht außen. Sondern in uns."

„Spür mal kurz, was das gerade mit dir gemacht hat."

Innehalten – Genau hier. Genau jetzt

Mach nichts. Lies nicht weiter. Spür einfach. Du hast gerade erlebt, wie ein einziger Moment alles verändern kann – wenn jemand aufhört zu warten und einfach nur ehrlich ist.

Jetzt stell dir vor: Du wärst diese Person. Was wäre heute dein „Ich will das jetzt nicht mehr"? Was würdest du stehen lassen, unfertig –um dich selbst wieder ganz zu fühlen?

Ein leiser Rückblick – in drei Atemzügen

Atme ein. Und frage dich:

1. Was tut mir gerade gut, einfach nur beim Gedanken daran?

2. Wo würde ich gerne stehen bleiben – und etwas sein lassen?

3. Wenn ich mir heute einen Mini-Moment schenken würde – wie sähe er aus?

Und wenn du magst – nimm diesen Satz leise mit in deinen Alltag: **"Ich bin nur einen ehrlichen Moment von mir selbst entfernt."**

Der neue Weg

Es gibt keinen perfekten Plan. Keine sichere Route. Kein GPS für das Leben. Aber es gibt deinen inneren Kompass. Und der hat sich in den letzten Kapiteln leise zurückgemeldet. Immer dann, wenn du genickt hast. Gelächelt. Geseufzt. Vielleicht geweint. Dieser Teil ist nicht dafür da, dir zu sagen, wie du leben sollst. Er ist da, um dich zu erinnern: **Du weißt es längst. Du hast es nur vergessen.**

Der neue Weg beginnt nicht an einem Montag. Nicht am Ersten des Monats. Nicht, wenn „alles geregelt" ist.

Er beginnt immer genau dort, wo du aufhörst, dich zu verraten. Wo du zum ersten Mal Ja sagst – zu dir.

Und deshalb stelle ich in den nächsten Kapiteln keine Regeln auf.

Sondern öffnen Räume.

- **Für neue Gedanken.**
- **Für mutige Schritte.**
- **Für echte Begegnungen.**
- **Und für ein Leben, das nicht perfekt, aber endlich deins ist.**

Dieses Buch endet nicht hier. Es beginnt jetzt, in dir.

Der neue Weg beginnt nicht mit einem großen Sprung.

Sondern mit einem einzigen echten Schritt. Du musst nicht alles sofort wissen – du musst nur anfangen.

Kapitel 19 – Die Kraft der kleinen Schritte

Sie saß mit dem Kaffee in der Hand am Küchentisch. Die Sonne fiel durch das Fenster – so, wie sie es früher nie bemerkt hatte. Denn früher war sie schon längst wieder losgerannt. To-do. Müssen. Sollen. Leben auf Autopilot. Aber heute war anders. Nicht spektakulär. Nur wahr.

Denn heute hatte sie beschlossen: "Ich muss nicht das ganze Haus aufräumen. Ich stelle nur endlich den Blumentopf dorthin, wo ich ihn immer haben wollte." Kleiner Schritt. Große Wirkung. Weil es nicht um Deko ging. Sondern um Richtung.

Er hatte es sich aufgeschrieben. Ein Satz, der erst albern wirkte – aber plötzlich brannte: **„Ein Schritt in meine Richtung ist mehr wert als tausend Schritte, die mich von mir wegführen."**

Und so ging er an diesem Morgen später zur Arbeit. Nicht aus Rebellion. Nicht aus Faulheit. Sondern, weil er endlich einmal zuhören wollte, was in ihm eigentlich los war. Er setzte sich auf eine Parkbank. Ohne Ziel. Ohne Plan. Nur ein Gedanke: „Ich kann nicht den ganzen Weg überblicken – aber ich kann diesen ersten Schritt gehen." Und dieser Gedanke wurde sein Wendepunkt. Und er gab ihm wieder Kraft, Hoffnung und Lebensfreude.

Warum kleine Schritte so verdammt kraftvoll sind

Weil du aufhörst, dich zu überfordern. Weil du dir selbst Vertrauen beibringst. Weil du aus dem Traum eine Bewegung machst. Jeder kleine Schritt ist ein Ja zu dir. Jeder kleine Schritt ist ein „Ich bin wichtig." Jeder kleine Schritt ist ein Gegenzauber gegen das Gefühl, du hättest keine Wahl.

Es ist nicht der Riesenplan, der dich befreit - es ist die kleine Handlung, die du heute wagst.
- Ein ehrlicher Satz.
- Ein Spaziergang, obwohl noch Arbeit wartet.
- Eine Absage, weil dein Bauch Nein sagt.
- Ein erster Pinselstrich, eine erste Seite, ein erster Versuch.

Es ist nicht wichtig, wie weit du kommst – sondern, dass du dich endlich wieder bewegst. Für dich. Du brauchst erstmal kein ganz großes Ziel. Du brauchst nur einen klaren ersten Schritt. Und der ist immer leise, klar und unfassbar mutig.

Der Schritt war so klein, dass ihn niemand bemerkte. Außer ihr.

Der Zettel lag schon seit drei Monaten da. Gekritzelt. Geknickt. Halb vergessen. "Fotokurs – Dienstag, 18 Uhr, VHS." Jedes Mal, wenn sie ihn sah, zog sich etwas in ihrem Bauch zusammen.

Nicht, weil sie sich nicht traute. Sondern weil sie sich abgewöhnt hatte, sich zu trauen. Was, wenn sie die Älteste ist? Was, wenn sie nichts kann? Was, wenn's lächerlich ist? Und Zeit habe ich eigentlich auch nicht. Heute war wieder Dienstag. 18 Uhr näherte sich.

Und sie stand in der Küche, den Zettel in der Hand, die Ausrede schon fertig im Kopf: "Zu viel los. Kinder. Müde. Kein Parken." Aber irgendetwas in ihr war lauter. Ein ganz kleines Flüstern. Fast schon trotzig: „Was, wenn ich es einfach mache?" Sie ging. Mit zittrigen Händen. Mit der alten Kamera, die sie seit Jahren nicht angerührt hatte. Ohne Plan, was sie dort sagen sollte. Sie kam an. Saß in der letzten Reihe. Sagte nichts. Lächelte. Hörte zu. Und als sie nach Hause fuhr, war da dieses leise, warme, stolze Gefühl in der Brust: **„Ich bin losgegangen. Für mich."** Sie hatte nicht die Welt verändert. Aber sich. Ein kleines Stück. Ein entscheidendes Stück.

Impuls – Der erste Schritt ist immer kleiner als deine Angst

Du hast keine Garantie, dass es perfekt wird. Aber du hast eine Garantie, dass nichts passiert, wenn du stehen bleibst. Der erste Schritt muss nicht mutig aussehen. Er kann leise sein. Unbeholfen. Langsam. Verwackelt. Aber weißt du was? Ein verwackelter Schritt in deine Richtung ist immer noch besser als ein perfekter Schritt in ein Leben, das nicht dir gehört.

Stell dir vor…

… du nimmst heute nur einen Gedanken ernst. Einen Impuls. Einen winzigen Wunsch. Du gibst ihm kein Konzept, keinen Businessplan, keine Angstjacke. Du gibst ihm 15 Minuten deiner Zeit. Was würde sich dann in Bewegung setzen?

Und jetzt:

Schließ für drei Atemzüge die Augen und beende den Satz:

„Ein erster kleiner Schritt für mich könnte sein, dass ich…"

Mach's konkret. Klein. Machbar. **Jetzt.** Keine Bühne. Keine

Erklärung. Kein Applaus nötig.

Nur dein Coin. Bewusst gesetzt. Für dich.

Es wird Rückschritte geben. Und das ist kein Zeichen von

Schwäche. Es ist ein Zeichen von Bewegung.

Kapitel 20 – Rückschritte sind auch Schritte

Sie hatte es so gut gemeint. Sich selbst Zeit genommen.

„Nein" gesagt. Sich sogar wieder an ihr Klavier gesetzt.

Und dann – kam der Tag, an dem sie sich dabei ertappte, wie

sie genau da stand, wo sie dachte, nie wieder zu stehen.

Mit dem Handy in der Hand, E-Mails checkend, Kinder

anschreiend, Tränen unterdrückend. Zack. Rückfall.

Er war fast drei Wochen lang morgens joggen gegangen.

Jeden Tag. Nicht für das Sixpack. Sondern für den Kopf.

Und dann – kam ein Abend mit Pizza, Bier und

Serienmarathon. Dann zwei. Dann fünf. Und plötzlich… war

alles wieder beim Alten. Nur diesmal mit einem **Extra-Gefühl:**

„Ich hab versagt." Aber hier kommt die Wahrheit, die nie in

Motivationsvideos gesagt wird: **Rückschritte gehören zum**

Weg. Punkt.

Kein Mensch geht geradeaus ins Licht

Du wirst zweifeln. Zurückfallen. Vergessen. Flüchten.
Schreien. Schweigen.
Und das heißt nicht, dass du es nicht ernst meinst.
Es heißt: **Du bist echt.**

Ein Rückschritt ist kein Rückweg

Es ist nur ein Zwischenruf deiner Menschlichkeit. Du fällst
nicht raus aus der Entwicklung. Du atmest durch. Du verlierst
nicht deinen Fortschritt. Du spürst, wo's wirklich wehtut. Du
fängst nicht bei null an. Du startest mit mehr Bewusstsein.
Entwicklung verläuft nicht linear. Sie ist ein Tanz. Manchmal
zwei Schritte vor. Einer zurück.
Und manchmal ein Sitzenbleiben als Pause mit Schokolade.
Und weißt du was? Wenn du das akzeptierst, hörst du auf,
dich ständig zu verurteilen – und fängst an, dich liebevoll zu
begleiten. Erlaubnis, Mensch zu sein. Mit Fehlern.
Rückschritten. Selbstzweifeln. Und der leisen Erkenntnis:
„Ich bin trotzdem auf meinem Weg."

Rückfall mit Herzklopfen

Sie hatte ihren Morgenritual-Flow gefeiert. Tee. Meditation.
Journaling. Zehn Tage lang hatte sie sich wie die Frau gefühlt,
die sie immer sein wollte. Zentriert. Gelassen. Mit sich im
Reinen. Und dann kam Montag. Der eine Anruf, der alles
zerschoss. Ein Blick auf den Kontostand. Ein Kommentar von
der Kollegin. Das Kind mit Durchfall.
Und plötzlich war da nichts mehr mit Achtsamkeit.

Nur noch:

– Kaffee im Stehen

 – Streit mit dem Partner

 – Tränen im Bad

 – Und am Abend: Tiefkühlpizza + drei Gläser Wein + Netflix bis Mitternacht.

Sie wachte mit schlechtem Gewissen auf. Das Tagebuch lag unberührt auf dem Nachttisch. Und in ihrem Kopf begann das alte Spiel: **„Du kannst es halt nicht. Du bleibst nicht dran. Du bist nicht stark genug."**

Sie stand auf. Zögernd. Wütend. Leer. Und dann – blieb ihr Blick im Badezimmerspiegel an ihren Augen hängen. Sie sah nicht aus wie auf Instagram. Nicht wie eine „spirituelle Frau auf ihrer Reise". Sie sah aus wie eine echte Frau in einem echten Leben. Und sie sagte leise, fast lachend: **„Vielleicht bin ich heute nicht perfekt.** Aber ich bin da. Und das ist mehr als früher." Dann kochte sie sich einen Tee. Setzte sich hin. Und schrieb nur einen Satz:

„Tag elf – mit Umweg. Aber ich geh weiter."

Impuls – Und was, wenn es nicht perfekt läuft? Dann läuft's eben echt

Du bist einen Tag gut drauf, dann drei Tage genervt? Du meditierst Montag – und Mittwoch schreist du jemanden an? Willkommen im Club. Das nennt sich Leben. Wir sind nicht hier, um „alles richtig" zu machen. Wir sind hier, um echt zu sein. Der neue Weg ist kein Laufsteg. Es ist ein Trampelpfad mit Stolpersteinen, Matschlöchern und Umwegen. Und du darfst trotzdem stolz sein, dass du ihn gehst. Denn was dich wirklich wachsen lässt, ist nicht, wie lange du perfekt durchhältst – sondern, wie oft du bereit bist, wieder liebevoll neu zu starten.

Übung mit Twist – Deine persönliche Rückfall-Erlaubnis

Diese Übung ist kein Tagebuch-Drama. Es ist ein Vertrag mit dir selbst. Hol dir einen Zettel. Und schreib dir – ganz ehrlich – eine „Rückfall-Erlaubnis". Ein humorvoller, aber liebevoll gemeinter Mini-Vertrag.

Beispiel:

RÜCKFALL-PASS

Ich, [dein Name], erkläre hiermit offiziell, dass ich:

☑ Rückfälle haben darf

☑ nicht perfekt bin (und auch nicht sein will)

☑ mich an manchen Tagen selbst vergesse – aber nie aufgebe. Ich verpflichte mich, mich an diesen Tagen nicht zu verurteilen, sondern eine Tasse Tee, ein bisschen Nachsicht, ein warmes Lächeln auf Lager und weiter geht's.

Unterschrift: _____

Datum: Heute. Genau heute.

Hänge ihn an den Kühlschrank. Leg ihn ins Buch. Mach ein Foto davon. Oder verbrenn ihn – mit dem Versprechen, dich nicht mehr kleinzumachen, nur weil's mal holpert.

Es sind nicht die großen Neuanfänge – sondern die kleinen Wiederholungen, die den Wandel wirklich machen.

Es ist nicht die Einmaligkeit, die dich verändert. Es ist die Wiederholung. Die Entscheidung – immer wieder.

Kapitel 21 – Die Magie der Wiederholung

Sie dachte immer, sie bräuchte den großen Moment. Die Erleuchtung. Den perfekten Neustart. Aber was sie wirklich brauchte, war Montagmorgen um 6.17 Uhr. Zahnbürste. Spiegel. Müdigkeit. Und trotzdem die Entscheidung: „Ich mach weiter. Für mich. Nicht perfekt. Aber echt."

Er hatte aufgehört, auf das große Gefühl zu warten. Diese eine Erweckung. Den „Jetzt-ist-alles-anders"-Moment. Er kam nicht. Dafür kam Dienstag. Immer wieder. Und an diesem Dienstag beschloss er: "Ich werde heute das Richtige tun – auch wenn ich's noch nicht fühle." Und das war der Anfang.

Wiederholung ist kein Rückschritt – sie ist Integration

Veränderung passiert nicht, wenn du einmal joggen gehst. Oder einen einzigen bewussten Gedanken denkst. Oder dreimal meditierst. Veränderung passiert, wenn du immer wieder zu dir zurückkehrst – auch wenn du's gestern vergessen hast.

Wiederholung ist Liebe in Aktion

Es ist ein „Ich bleibe bei mir", auch wenn's leise ist. Auch wenn keiner klatscht. Auch wenn du's zum hundertsten Mal machst. Wiederholung ist kein Zeichen von Stagnation. Sie ist ein Zeichen von Hingabe. Und Hingabe ist das, was den Unterschied macht zwischen „Ich will" und „Ich tue."

Der Weg entsteht nicht, wenn du ihn einmal gehst. Er entsteht, wenn du ihn so oft gehst, dass deine Seele ihn erkennt wie ein Zuhause.

Wiederholung ist die Mutter der Meisterschaft.

Der Wecker klingelte. Und sie stand wieder auf

Es war 5:55 Uhr. Der gleiche Ton. Die gleiche Dunkelheit. Der gleiche Gedanke wie gestern: „Ich habe keine Lust." Aber dann kam der zweite Gedanke. Leiser. Echter. Fester. **„Aber ich mach's trotzdem, weil ich weiß, wie ich mich danach fühle."** Sie stand auf. Zog die Jogginghose an. Nicht für Instagram. Nicht für eine Challenge. Sondern für sich. Dreißig Minuten Yoga oder Joggen. Ihr Rücken knirschte. Ihr Atem war unruhig. Der Kopf wollte To-dos durchrattern. Aber da war dieser Moment – bei Minute 17. Ein tiefer Atemzug. Und sie spürte: **„Ich bin da."** Zum dritten Mal in dieser Woche. Und das war kein Zufall. **Das war Liebe in Wiederholung.**

Er fuhr denselben Weg wie gestern. Und war zum ersten Mal stolz darauf.

Er hatte früher immer gedacht, Veränderung müsse knallen. Neustart. Alles anders. Neue Stadt. Neues Leben. Aber nichts davon war passiert. Er wohnte immer noch im selben Haus. Fuhr denselben Weg zur Arbeit. Stand an derselben Ampel. Nur eines war anders: Er fuhr jetzt ohne Podcast. Ohne Ablenkung. Mit sich. In tiefer und bewusster Achtsamkeit. Und jedes Mal, wenn er auf die lange Landstraße kam, schaltete er das Fenster runter. Spürte den Fahrtwind. Atmete. Und sagte sich: „Ich bin unterwegs. In mir. Jeden Tag ein Stück." Das war nicht spektakulär. Aber es hatte Richtung. Und Gefühl. Und Stolz.

Jetzt kommt der starke Impuls, der sich nicht wie Motivation anfühlt, sondern wie eine ehrliche Erinnerung, die dich aufrichtet – ohne Druck, aber mit Kraft.

Impuls – Dranbleiben ist kein Sprint. Es ist ein Versprechen an dich

Du wartest auf den einen Moment, an dem du endlich konstant bist? An dem du „es endlich drauf hast"?

Spiegel: Der Moment wird nie kommen. Weil Konstanz kein Talent ist – sie ist eine Haltung.

Dranbleiben heißt nicht:

- Du bist immer motiviert.
- Du hast immer Bock.
- Du schaffst jeden Tag alles.

Dranbleiben heißt:

Du hörst nicht auf, nur weil du einmal abgebogen bist.

Die Wahrheit?

Du wirst Dinge anfangen und wieder vergessen. Du wirst zurückfallen. Zweifeln. Aufgeben wollen. Und dann kommt dieser eine Tag – an dem du trotzdem wieder losgehst.

Ohne Drama. Ohne Deadline. Ohne Beweis.

Nur mit einem inneren Satz: *„Ich mache weiter, weil ich mir wichtig bin – nicht, weil ich perfekt bin."*

Das ist Mut. Das ist Stärke. Das ist Wiederholung mit Seele.

Wenn du willst, schreib dir diesen Satz auf:

„Ich darf aufhören. Ich darf neu anfangen. So oft ich will. Solange ich dabei nicht mich selbst verliere."

Kleb ihn irgendwo hin. Nicht, um dich zu zwingen – sondern um dich zu erinnern: **Du bist das Wertvollste, woran du dranbleiben kannst.**

Jetzt geht's nicht mehr nur um innere Veränderung. Sondern darum, den Mut zu finden, sich zu zeigen. Nicht laut, nicht perfekt – aber echt. Denn was bringt dir der schönste innere Weg, wenn du dich immer noch versteckst?

Kapitel 22 – Sichtbar leben

Sie hatte so viele innere Schritte gemacht. Sich erinnert. Gefühlt. Sortiert. Geheilt. Aber dann kam dieser Moment, an dem sie spürte: ***„Ich kann nicht länger wachsen – wenn ich mich ständig klein mache."***

Es war kein Instagram-Post. Keine Bühne. Kein „Jetzt bin ich Coach"-Moment. Es war der Tag, an dem sie zum ersten Mal in einem Gespräch nicht genickt hat, obwohl sie anderer Meinung war. Ein Blick. Ein Satz. Ein inneres Beben.

„Das bin ich. Und das darf man sehen."

Sichtbar sein heißt nicht: Du musst allen gefallen

Sichtbar sein heißt: Du hörst auf, dich ständig anzupassen. Du beginnst, deine Wahrheit in dein Gesicht zu schreiben. Du traust dich, sanft und klar zu sein. Auch wenn's andere irritiert. Auch wenn du zitterst. Auch wenn du dir hinterher denkst: „War das jetzt zu viel?" Nein. Das war du.

Sichtbarkeit ist kein Statement

Es ist ein Akt der Selbstliebe. Denn jedes Mal, wenn du dich versteckst, verlierst du ein Stück deiner Energie. Und jedes Mal, wenn du dich zeigst, holst du sie zurück. Nicht, um zu glänzen. Sondern, um wieder zu leuchten.
Du bist nicht hier, um unsichtbar durchs Leben zu rutschen.
Du bist hier, um in deiner Art sichtbar zu sein – weich, wild, klar, liebevoll, unbequem, wahr.

Du darfst denken, fühlen, anders sein. Du darfst gehört werden. Du darfst Raum einnehmen – und du brauchst dich nicht kleiner zu machen, damit andere sich größer fühlen.

Und plötzlich war sie sichtbar

Der Raum war voll. Meeting. Büro. Die üblichen Stimmen, die sich wichtig machten. Sie saß da – wie immer. Mitgedacht, aber nichts gesagt. Denn: Was, wenn es falsch war? Was, wenn sie komisch wirkte? Und dann kam dieser eine Moment. Ihr Kollege stellte einen Vorschlag vor, bei dem sie innerlich laut „Nein!" schrie. Früher hätte sie geschwiegen. Abgenickt. Hinterher geschimpft – aber leise, für sich. Aber heute nicht. Heute war was anders.

Nicht weil sie sicher war. Sondern weil sie es nicht mehr aushielt, sich selbst zu verschlucken. Sie hob die Hand. Zitterte leicht. Spürte den Blick der anderen. Und sagte: „Ich sehe das anders. Und ich möchte erklären, warum." Stille. Sie atmete weiter. Nicht flach – sondern voll. Und obwohl es kein Applaus gab, kein Schulterklopfen – war das ihr Moment. Weil sie wusste: **„Ich bin nicht mehr nur da – ich bin jetzt sichtbar."**

Impuls – Sichtbarkeit beginnt da, wo du aufhörst, dich selbst zu verlassen

Vielleicht denkst du: *„Ich will mich zeigen, aber… ich bin nicht laut genug, nicht sicher genug, nicht wichtig genug, nicht gut genug."*
Dann atme jetzt mal kurz durch. Weil du das vergessen darfst.

Du musst nicht laut sein, um sichtbar zu sein. Du musst nicht perfekt sein, um dich zu zeigen. Du musst nur authentisch sein – und aufhören, dich ständig selbst zu verlassen, um in andere zu passen.

Sichtbar sein ist kein Auftritt

Es ist eine Haltung.
- In einem Gespräch deine Meinung sagen.
- Ein Gedicht posten, das du heimlich geschrieben hast.
- Ein „Nein" aussprechen – ohne Rechtfertigung.
- Eine Story teilen, die dich berührt.
- Oder einfach mal sagen: „Ich fühl mich heute nicht stark. Und das ist okay."

Denn weißt du was? Deine Verletzlichkeit ist kein Fehler im System – *sie ist deine stärkste Verbindung zur Welt.*

Kleine Frage für dich:

Was würde sich heute ändern, wenn du aufhören würdest, dich zu verstecken? Nicht gleich alles. Nur ein bisschen. Nur so viel, dass du dich selbst wieder erkennst. Und das reicht. Für heute. Für sichtbar. Für echt.
„Das bin ich. Und so will ich leben."

Kapitel 23 – Von innen nach außen

Es beginnt unsichtbar. Ein Gedanke. Ein Gefühl. Ein Flüstern:
„Da ist mehr in mir, als ich bisher gezeigt habe."
Du spürst die Veränderung zuerst im Inneren:
 – Du reagierst ruhiger.
 – Du spürst früher, was dir nicht mehr guttut.
 – Du bemerkst, wie sich dein Ja echter anfühlt – und dein Nein klarer.
Aber dann…kommt der Moment, an dem das neue Innen ein neues Außen braucht.

Du kannst nicht ewig innerlich wachsen und äußerlich in alten Schuhen laufen

Deine Energie passt nicht mehr in das alte Muster. Dein Licht stößt sich an den Wänden der Kompromisse.

Und du merkst: „Wenn ich ehrlich sein will, muss ich auch draußen sichtbar leben, was in mir längst klar geworden ist."

Was heißt das?
Du gestaltest deinen Alltag neu.
 – Du lässt Menschen los, die dich nicht mehr sehen.
 – Du wählst andere Gespräche, andere Räume, andere Prioritäten.
 – Du sagst öfter: „So will ich es." Und seltener: „Na gut."
Du hörst auf, dich anzupassen, nur um zu bleiben.
Stattdessen beginnst du, zu gestalten, weil du angekommen bist.

Transformation ist kein Gedanke – sie ist ein gelebtes „Ich lebe jetzt anders." Und dieses Anders darf weich sein. Langsam. Tänzelnd. Kein Umbruch – ein Übergang.

Von innen nach außen heißt:
Ich war still – und jetzt bin ich Stimme.
Ich war unsichtbar – und jetzt bin ich Wirkung.
Ich war unterwegs – und jetzt bin ich da.
Bei mir. Und in der Welt.

Sie änderte nichts an ihrem Leben. Und doch war plötzlich alles anders

Ihr Leben sah von außen gleich aus. Die Wohnung. Der Job. Die Familie. Aber sie war nicht mehr dieselbe. Der Moment, in dem es begann, war ganz unscheinbar: Ein Treffen mit alten Freundinnen. Früher hätte sie sich angepasst. Gekichert, auch wenn's innerlich schmerzte. Mitgespielt, um dazuzugehören. Still geschluckt, wenn jemand über „diese Esoterik" gelacht hätte, in der sie sich inzwischen so sehr zuhause fühlte. Aber an diesem Abend bestellte sie Pfefferminztee statt Prosecco. Trug kein Make-up. Und als das Gespräch wieder in Richtung „spirituelles Geschwurbel" kippte, sah sie auf – ganz ruhig – und sagte: „Ich glaube daran, dass man sich verändern kann. Ich hab's bei mir selbst erlebt. Und es fühlt sich ziemlich echt an." Stille. Blicke. Ein Nicken. Ein Schmunzeln. Keine Diskussion. Kein Drama. Nur: Sie war da – sichtbar, echt, ohne Entschuldigung. Auf dem Heimweg war ihr Herz ruhig. Kein Stolz. Kein Zweifel. Nur dieses eine Gefühl: „Ich hab heute nicht jemandem gefallen. Ich hab heute einfach ich selbst sein dürfen." Und das änderte alles.

Er sagte zum ersten Mal, was ihn wirklich bewegt

Er war nie der Typ für große Worte. Er konnte Lösungen finden, Projekte retten, Strukturen klären. Aber über sich selbst reden? Über Gefühle? Das war wie mit einem Schraubenzieher in ein Wespennest pieken. Und doch saß er jetzt hier. Am Tisch. Sein bester Freund gegenüber. Zwei Bier. Nichts Besonderes. Und dann kam der Moment. Unaufgefordert. Ungeplant. Echt.

Sein Kumpel sagte: „Du wirkst verändert in letzter Zeit. Bisschen ruhiger. Bisschen… mehr bei dir." Er hätte früher abgewehrt. Einen Spruch gemacht. Weggewischt mit einem Lächeln. Aber nicht heute. Heute war dieser innere Punkt gekommen, an dem er nicht mehr nur innerlich leben wollte. Er sah hoch. Atmete. Und sagte: "Ich hab gemerkt, dass ich mich jahrelang versteckt hab. Ich funktionierte gut. Aber ich hab mich selbst nicht gespürt. Jetzt versuch ich, ehrlich mit mir zu sein. Auch wenn ich noch nicht genau weiß, wie das geht." Es war kein Pathos. Kein Drama. Nur Wahrheit. Der Freund schwieg kurz. Dann nickte er langsam. Und sagte nur: „Stark, Mann. Wirklich stark." Mehr war nicht nötig. Weil alles gesagt war. Das war ein stiller Moment mit Wucht. Für all die Männer, die zu viel tragen und zu wenig zeigen. Und genau wissen: **„Ich will leben – nicht nur leisten."**

Impuls – Zeig dich so, wie du geworden bist

Vielleicht hast du dich verändert. Still. Über Wochen. Vielleicht spürst du: „Ich funktioniere nicht mehr so, wie ich früher war. Und jetzt merkst du: Das Außen hinkt dem Innen hinterher. Deine Worte passen nicht mehr ganz zu deinem Gefühl. Dein Alltag fühlt sich enger an, als du geworden bist. Das ist kein Rückschritt. Das ist der Punkt, an dem du dich zeigen darfst. Echt. Leise. Klar.

Du musst nicht beweisen, dass du gewachsen bist. Du darfst einfach anders auftreten. Deine Energie wird den Rest erledigen.

Sprich neu. Handle neu. Wähle neu. Auch wenn es leise ist. Denn wenn du dich in dir neu sortiert hast, darf das Außen sich anpassen. Nicht für die Show. Sondern, weil du dich nicht länger verleugnen willst. Sichtbar zu leben heißt nicht, zu glänzen. Es heißt, sich nicht mehr zu verstecken. Nicht im Gespräch. Nicht in der Beziehung. Nicht im Kalender. Nicht in der Körpersprache. Und wenn du Angst hast, dass es zu viel ist? Dann lies das hier: „Ich bin nicht zu viel. Ich bin genau die richtige Dosis Ich – für das Leben, das jetzt zu mir passt."

Hier kommt kein Motivations-Bullshit. Kein „Du musst nur an dich glauben". Sondern eine echte, tiefe Neuordnung: Was heißt Erfolg – für mich. Jetzt. Nach allem.

Kapitel 24 – Deine neue Form von Erfolg

Früher war Erfolg eine Liste.
– Titel
– Zahlen
– Haus
– Partner
– Auto
– Außenwirkung

Ein System, das funktioniert – aber dich dabei oft ausklammert. Erfolg bedeutete: "Du bist gut – wenn andere es so sehen." Aber irgendwann kam dieser Moment…da war sie am Ziel – und trotzdem leer. Trotzdem müde. Trotzdem innerlich still wie ein Raum ohne Möbel.

Er hatte es geschafft. Respekt. Anerkennung. Aber im Stillen fragte er sich: „Warum fühlt es sich nicht so an, wie ich dachte? Warum bin ich nie satt?" Und die Antwort war einfach. Erschütternd. Klar: Weil es nicht dein Erfolg war. Es war das Ziel eines anderen. Und du bist nur schnell darin geworden.

Erfolg muss neu definiert werden

Nicht laut. Nicht für andere. Für dich. Was heißt für dich:
– Ein erfüllter Tag?
 – Ein gutes Gespräch?
 – Ein echtes Lächeln im Spiegel?
 – Das Gefühl: „Ich war heute ganz ich"?

Vielleicht ist Erfolg gar nicht das große Ding. Vielleicht ist Erfolg: Wenn du dich abends ins Bett legst und nicht das Gefühl hast, dich selbst im Laufe des Tages verloren zu haben.

Neue Fragen. Neue Antworten

Was ist mir wirklich wichtig – jenseits von Applaus?
Woran würde ich messen, dass ich „erfolgreich" bin – auch wenn niemand zuschaut?
Welche innere Haltung fühlt sich für mich kraftvoller an als jeder Kontostand? Erfolg ist kein Ziel mehr. Es ist ein Zustand. Eine Energie. Ein inneres Heimkommen.

Sein größter Erfolg war kein Beweis mehr. Sondern ein Gefühl

Er saß in seinem Auto, Motor aus, Fenster runter. Der Parkplatz war leer. Hinter ihm das Bürogebäude, in dem er zehn Jahre lang alles gegeben hatte. Davor: Stille. Nur Wind. Abendsonne. Und dieser Moment. Er hatte heute offiziell abgesagt. Die Beförderung. Das Angebot. Den „nächsten Schritt". Alle hatten ihn gefeiert. Er hatte sie überrascht. Nicht mit einem Nein. Sondern mit einem: „Ich hab mich entschieden, meinem Leben zuzuhören – nicht meinem Lebenslauf." Er hatte das Meeting ruhig verlassen. Ohne Drama. Ohne Wut. Nur mit Klarheit. Jetzt saß er da. Kein Applaus. Keine Gratulation. Aber sein Herz schlug ruhig. Sein Bauch war still. Seine Stirn glatt. Er sah nach vorne. Und sagte leise: „Ich hab mich gewählt. Und das fühlt sich an, als hätte ich zum ersten Mal in meinem Leben gewonnen." Kein Preis. Kein Titel. Nur Wahrheit. Und das war mehr, als er je auf Papier bringen konnte.

Zwischenruf – Und jetzt? Anders weitergehen

Du hast viel erkannt. Gefühlt. Vielleicht ein paar deiner alten Wahrheiten losgelassen. Und jetzt stehst du hier. Nicht am Ende. Sondern an einem anderen Anfang. Denn was bringt es, wenn du dich veränderst – aber die Welt dich nicht erkennt? Oder schlimmer: Wenn du zurückfällst in alte Muster, weil du allein in deinem Neuanfang bist? Deshalb geht's jetzt nicht mehr nur um dich. Jetzt geht es um das, was zwischen dir und anderen entstehen kann – wenn du echt bleibst.

Kapitel 25 – Das neue Miteinander

Früher war Verbindung oft ein Tauschgeschäft.

– Du gibst mir Aufmerksamkeit, ich geb dir Leistung.

 – Du gibst mir Zustimmung, ich halt mich zurück.

 – Du spielst mit – und wir nennen es Beziehung.

Aber irgendwann merkst du: Wirkliche Nähe entsteht nicht, wenn beide funktionieren – sondern wenn einer sich traut, echt zu sein.

Das neue Miteinander beginnt mit dir

Nicht, indem du dich anpasst. Sondern, indem du dich zeigst.

– Nicht perfekt.

– Nicht über optimiert.

– Sondern mit Haut, Herz und Haltung.

Das neue Miteinander ist kein Coaching-Tool. Es ist ein Raum. Ein Raum, in dem du sagen darfst: „Ich weiß es gerade nicht." „Ich fühle mich verletzt." „Ich will das nicht mehr klein reden." Und weißt du was? Dieser Mut verändert nicht nur dich.

Er verändert alles um dich herum.

Wenn du echt wirst, werden andere entweder weglaufen – oder sich erinnern, dass auch sie echt sein dürfen.

Beides ist ein Gewinn. Denn das neue Miteinander basiert auf Wahrheit, nicht auf Harmonie um jeden Preis.

Es geht nicht mehr um Rollen

Es geht um Resonanz. Nicht: „Was willst du von mir?"
Sondern: „Wer bist du wirklich – und darf ich das sehen?" Und
wenn du beginnst, so zu leben, ziehst du plötzlich Menschen
an, mit denen keine Maske nötig ist. Und das ist nicht nur
Verbindung. **Das ist Freiheit in Begegnung.**

*Wenn du dich nicht mehr anpasst, verabschieden sich manche
– und andere bleiben zum ersten Mal wirklich.*

**Als sie sich zeigte, blieben nur wenige. Und das war gut
so**

Früher hatte sie viele Menschen um sich. Laut. Lebendig.
Gruppenbilder mit Prosecco. „Wir müssen uns unbedingt
wiedersehen!" stand oft unter den Posts. Man mochte sie – die
Angepasste. Die Mitspielerin. Aber dann kam dieser innere
Wandel. Nicht laut. Nicht plötzlich. Nur Schritt für Schritt
zurück zu sich. Sie sagte nicht mehr überall Ja. Sie lachte
nicht mehr, wenn's nicht passte. Sie sprach aus, wenn etwas
nicht mehr stimmte. Und plötzlich…kam Funkstille.
Nachrichten blieben aus. Verabredungen wurden vage.
Und eine schrieb sogar:
*„Du hast dich ganz schön verändert. Irgendwie anstrengend
geworden."* Früher hätte sie sich entschuldigt. Zurückgebogen.
Sich kleiner gemacht. Aber heute nicht. Heute las sie die
Nachricht. Lächelte etwas traurig. Und flüsterte leise:
„Ja. Ich bin vielleicht nicht mehr bequem. Ich bin jetzt ich." Es
tat weh.

Aber es war echter Schmerz – nicht falsche Harmonie. Und die, die geblieben sind? Die kamen näher. Tiefer. Wahrhaftiger.

Er sagte Nein. Und merkte, dass er gerade Ja zu sich selbst gesagt hatte

Er war der Typ, auf den man zählen konnte. Der immer einsprang, wenn's brannte. Der noch mit zur Geburtstagsfeier kam, obwohl er müde war. Der half, ohne zu fragen. Der nie zu viel über sich sprach. Doch irgendetwas in ihm war in den letzten Monaten leiser geworden. Und gleichzeitig wacher. Dann kam dieser eine Samstag. Vereinsversammlung. Sein Name stand mal wieder auf der Liste.

„Könntest du das übernehmen? Nur kurz, wie immer."

Alle sahen ihn an. Er hatte den Satz schon auf der Zunge: „Klar, mach ich." Aber diesmal war da eine Stimme in ihm, die lauter war als das Bedürfnis, zu gefallen. Er sah hoch, atmete – und sagte: *„Nein. Ich mach das diesmal nicht."* Stille. Ein paar Blicke. Ein Schulterzucken. Weiter im Text. Keiner war sauer. Niemand ist aufgestanden. Aber in ihm stand etwas zum ersten Mal auf: Er selbst. Später saß er im Auto. Fenster offen. Musik leise. Und er spürte: *"Ich muss nicht mehr alles mitmachen, um wertvoll zu sein."*

Kapitel 26 – Die Entscheidung, zu bleiben

Es gibt Menschen, die rennen. Immer. Weg von sich. Hin zu irgendwas. Sie fliehen in Arbeit. In Beziehungen. In Pläne. In Selbstoptimierung. In „noch nicht jetzt". Und irgendwann wird aus dem Rennen ein innerer Lärm, der dich nachts wachhält. Aber dann kommt der Moment – nicht laut, nicht dramatisch - in dem du stehenbleibst. Nicht weil du musst. Sondern weil du merkst: ***"Ich bin müde vom Weglaufen. Und bereit, zu bleiben."***

Bleiben ist nicht Stillstand

Es ist Entscheidung.

– In dir.

– Bei dir.

– Für dich.

Es heißt: *„Ich höre auf, mich zu verlieren. Ich bleibe da, wo ich mich wieder spüre."* Auch wenn's unbequem wird. Auch wenn niemand klatscht. Auch wenn du damit Menschen verlierst, die dich nur mochten, solange du dich angepasst hast.

Bleiben heißt: „Ich kehre nicht um. Ich kehre ein – bei mir." Vielleicht ist das der größte Mut überhaupt: Nicht alles zu hinterfragen – sondern endlich anzufangen, mit dem zu leben, was du längst erkannt hast. Und dieser Moment?

Er beginnt genau *JETZT!*

Kapitel 27 – Lebenszeit: Der große Moment bist du

Vielleicht hast du gehofft, am Ende dieses Buches findest du eine Antwort. Einen Plan. Ein Rezept. Etwas, das dich rettet. Aber hier steht nur eins:

DU!

Denn das war immer der Punkt. Nicht, dass du etwas „machst" – sondern dass du dich wieder meinst. Du brauchst kein neues Ich. Kein Retreat. Kein Label.

Du brauchst:

– Einen klaren Atemzug.

– Eine Entscheidung.

– Ein liebevolles Erinnern:

„Ich bin nicht hier, um zu funktionieren. Ich bin hier, um lebendig zu sein."

Lebenszeit ist keine Uhr

Es ist das, was du fühlst, wenn du nicht mehr wartest.

Nicht auf morgen. Nicht auf einen besseren Tag. Nicht auf Zustimmung. Sondern aufhörst, dich selbst aufzuschieben. Vielleicht war dein Leben bisher laut. Voll. Zäh. Vielleicht war es leise. Leer. Fragend. Aber jetzt weißt du: Es geht nicht um mehr – es geht um wahr. Und wahr beginnt immer mit dir. Du bist der große Moment. Nicht das Ziel. Nicht das Resultat. Du – in deiner Klarheit. In deiner Weichheit. In deinem Mut, dich nicht mehr zu verlassen.

Kapitel 28 – Du bist der Grund. Und du bist das Leben

Manchmal bleibst du, weil du Hoffnung hast. Manchmal bleibst du, weil du Angst hast. Und manchmal… bleibst du einfach nur, weil du vergessen hast, dass du gehen darfst.

Kein Grund zu bleiben ist der beste Grund zu gehen.

Gehen heißt nicht fliehen. Es heißt: Du setzt deinen Coin anders.

Bewusster. Für dich. Nicht gegen andere – sondern für deine Seele.

Und irgendwann, nach dem Chaos, nach der Entscheidung, nach der Stille, nach dem Aufräumen, stehst du da – mitten in dir – und merkst: „Ich war nie verloren. Ich war nur zu lange nicht gemeint. Und jetzt bist du gemeint.

Ganz. Ohne Rolle. Ohne Maske. Ohne Beweis.

Du bist der Anfang. Du bist der Mut. Du bist die Richtung.

Du bist der große Moment. Und weißt du, was du noch bist?

Das Leben. In seiner verletzlichen, unperfekten, strahlenden Form.

Ja – das Leben bist DU.

Und genau deshalb beginnt jetzt etwas Neues. Nicht morgen.

Nicht irgendwann. Jetzt. Mit dir. Für dich. Durch dich.

Wenn du dieses Buch schließt, hör bitte nicht auf zu hören. Zu spüren. Zu leben. Denn du hast keinen Moment zu verlieren. Aber so unfassbar viele zu gestalten.

LEBENSMANIFEST

(und wenn du willst – lies es dir laut vor)
Ich bin hier. Nicht, um zu glänzen – sondern um zu wirken. Nicht, um zu gefallen – sondern um echt zu sein. Ich muss nicht perfekt sein, um mich zu zeigen. Ich darf fallen – und trotzdem weitermachen. Ich darf wachsen – ohne mich zu verbiegen. Meine Zeit ist jetzt. Nicht, wenn es passt. Nicht, wenn andere bereit sind. Ich bin mein Ja. Ich bin mein Zuhause. Ich bin mein Anfang. Ich bin mein Schritt.
Und ich werde nicht mehr auf später setzen. Denn ich bin da.
JETZT!
Ein Manifest, ein Satz, eine Wahrheit – und vor allem: dein Abdruck.

LEBENSZEIT – Die härteste Währung der Welt

Geld kannst du verlieren. Zurückholen. Verdienen. Vererben. Aber Lebenszeit? Die gibst du – oder du verlierst sie. Du kannst sie nicht sparen. Nicht leihen. Nicht tauschen. Du kannst nur entscheiden, *wofür du sie gibst. Wem du sie schenkst. Womit du sie füllst.*

Du bezahlst jeden Tag – mit deiner Energie, deiner Aufmerksamkeit, deinem Herz. Deshalb frag dich ab jetzt – immer, immer wieder: **Ist das, was ich gerade tue, wirklich mein Lebenszeit wert?**

Nicht alles im Leben ist wählbar. Aber so vieles ist es. Und wenn du heute beginnst, deine Lebenszeit bewusst zu setzen - nicht zu streuen, nicht zu opfern, nicht nur zu verschenken - dann wirst du erleben, dass du nicht mehr suchst - sondern lebst. Die härteste Währung der Welt ist nicht, was du besitzt - sondern, was du bereit bist, für dich einzusetzen.

Und du bist jeden verdammten Moment wert.

Ende? Nein. Jetzt beginnt's!

Von mir - an dich

Wenn du bis zum Ende gelesen hast, dann weiß ich: Da ist etwas in dir, das sich erinnert. Das nicht mehr schlafen will. Das nicht mehr klein sein kann.

Ich danke dir - dass du dir selbst diese Reise geschenkt hast. Dass du deine Zeit in die Hand genommen hast und sie mir und vor allem dir selbst, gegeben hast.

Dieses Buch ist kein Ratgeber. Es ist ein Ruf. Ein Spiegel. Ein Gespräch zwischen dir und DIR. Was du jetzt damit machst, ist ganz allein deine Entscheidung.

Aber ich wünsche dir das: Dass du mutig bleibst. Dass du dich nicht wieder verlierst. Dass du dich erinnerst, wenn es wieder laut wird. Und, dass du deine Lebenszeit nicht einfach verstreichen lässt - sondern lebst.

Ganz. Echt. Jetzt.

Und, ich wünsche dir, das, was du dir für dich wünscht.

Wir haben nur dieses Leben. Und du bist genau richtig darin.

Von Herz zur Herz

Katja Schlottke.